大学生群体认同和信任培育

上海大学出版社
·上海·

图书在版编目(CIP)数据

大学生群体认同和信任培育/秦向荣著.—上海：
上海大学出版社，2023.6
 ISBN 978-7-5671-4756-0

Ⅰ.①大… Ⅱ.①秦… Ⅲ.①大学生-心理健康-健康教育-研究 Ⅳ.①G444

中国国家版本馆 CIP 数据核字(2023)第 111814 号

责任编辑　盛国营
封面设计　柯国富
技术编辑　金　鑫　钱宇坤

大学生群体认同和信任培育
秦向荣　著
上海大学出版社出版发行
(上海市上大路99号　邮政编码200444)
(https://www.shupress.cn　发行热线 021-66135112)
出版人　戴骏豪
*
南京展望文化发展有限公司排版
上海普顺印刷包装有限公司印刷　各地新华书店经销
开本 710mm×1000mm　1/16　印张 15　字数 208 千字
2023 年 6 月第 1 版　2023 年 7 月第 1 次印刷
ISBN 978-7-5671-4756-0/G·3525　定价 58.00 元

版权所有　侵权必究
如发现本书有印装质量问题请与印刷厂质量科联系
联系电话: 021-36522998

Foreword 前言

不确定性、高风险是现代社会生活的重要特征之一,信任作为抵御风险和不确定性的一种合理诉求,时常被大众理解为"相信而敢有所托付"。追溯信任的研究历史,自20世纪中期以来,学术界对信任的概念、理论及相关问题展开广泛研究。各学科基于自身视角对信任进行界定,然而信任涉及的社会关系复杂,以至于很难获得统一的定义。尽管如此,国内外学者对信任达成了一个重要共识:信任是"个体对他人未来不确定行为的良好预期和积极期待而甘愿承受带来的风险,最终保证获益"。随着学术界对信任研究的不断深入,信任从个体水平(人际信任)拓展到群体水平(群体信任)。群体信任不同于人际信任,与信任双方的人格特质无关,更多由社会情景中个体的群体身份来界定。群体信任是社会稳定和发展的基础之一,对于促进社会合作、减少社会冲突、提高社会幸福感等方面都具有重要意义。从而,群体信任近些年来成为很多领域的研究热点。

人类是社会性动物,我们生来就渴望被其他人认可和接受。这种渴望驱使我们与他人建立联系,寻求归属感和认同感。个体寻求群体认同的动机是人类行为中的重要驱动力之一,因为其与找到存在的意义密切相关,从而我们能很好地回答"我是谁""我们是谁"这些本体论的问题。群体认同作为一种无形的精神力量,使我们走到一起,形成了家族、部落、国家等社会结构。它犹如一张隐形的网,连接着每个个体,让我们共同为一个目标而努力。在社会生活中,我们通过社会分类因自身归属来划分为内群体和外群体,并对内外群体差别对待。在传统社会,我们更多在血缘、姻缘、地缘的基础上形成了群体认同和信任,然而到了更具开放性的现代社会,内群体凝聚力逐渐消散,我们面临越来越多的陌生人,缺少之前交往的经验,在判断对方是否可信时会有些手足无措,此时群体身份成为判断对方是否可信的重要线索。当我们以自己所属的群体为载体与其他群体进行社会互动时,群体信任成为一个问题。群体或群体成员之间是否信任深受群体认同的影响。对内群体及其成员必然是互相信任的,而对外群体而言,对其的信任成为一个最优选择,因为信任是一种指向未来的积极预期,能带给我们确定感,能简化我们的社会生活,让各类群体得以凝聚。

大学生是社会的未来,他们的思想、情感、行为和价值观念对社会的发展和进步有着重要的影响。大学生们在校园中汇聚,交流思想,展示个性,形成了一种独特的文化氛围。然而,与此同时,大学生群体也面临着认同和信任的挑战。在这个信息爆炸、多元化的时代,大学生们受到来自不同文化、背景的观点和影响,如何在这些多元的声音中找到自我定位,如何建立信任与理解,成为摆在大学生们面前的一道难题。大学生群体认同和群体信任作为两个重要的心理变量,反映了大学生对自己所属的群体的态度、情感和行为倾向,也影响了大学生的人际交往、社会适应和个人发展,具有一定的研究意义与价值。

秦向荣博士的专著《大学生群体认同和信任培育》在群际环境的框架下,在思想政治教育的视角下,立足社会心理学的相关研究范式,对大学生的群体认同和信任进行了非常可贵的探索,并获得创新性的成果。首先,在对群体认同和信任的概念和理论探索的基础上,深入研究群体认同和信任之间的关系,尤其在群际接触和社会认同威胁对信任的影响之中,指出了群体认同的关键作用,探索接触—认同—信任的作用机制;其次,立足群体认同的信任的一般关系和特点,针对大学生群体的特殊性,在群际环境下对群体认同对信任的心理机制进行了详细的探索,在社会认同、社会认同威胁、群际情绪、共同点聚焦和不确定性的共同作用下,以群体认同来实现信任,进一步明确了以群体认同增进信任的逻辑:构建一个更具包摄性的上级群体将内外群体囊括其中,此时内外群体的信任转化为内群体信任,从而信任得以促进;再次,用实证研究验证了在群际接触和群体认同对信任的影响中,群体认同起着关键作用。依赖群际接触增进信任是不够的,还需要构建一个共同内群体认同,才能使内外群体实现真正意义上的信任;最后,立足思想政治教育视角,立足认同和接触两大基石,对培育大学生的信任提出了一些建设性的措施,包括增进群际接触,构建学习共同体与朋辈群体,强化国家公民认同、中华文化认同,等等。这些措施都具有一定的时代性和可行性,可在高校思想政治教育中得以实施和推广。

总之,本书聚焦当下大学生的群体认同和信任培育,融合心理学、思想政治教育的视角开展了一些创新性研究,为促进大学生积极理性平和的社会心态、维护校园与社会和谐提供了理论指导和实践建议,具有一定的可读性。

欧阳光明

2023 年 5 月

Contents 目录

绪　论

- 005　第一节　群体认同：我们是谁？
- 005　　　一、群体的概念
- 007　　　二、群体与共同体
- 011　　　三、认同的概念
- 015　　　四、群体认同
- 023　第二节　信任：久远又崭新的话题
- 023　　　一、信任研究溯源
- 030　　　二、信任的类型
- 032　　　三、信任的理论梳理
- 042　　　四、信任的研究范式与测量
- 048　　　五、信任建立与培育
- 051　第三节　研究内容

第一章　群体认同解析：内涵、特点和动机

- 055　第一节　群体认同的内涵
- 055　　　一、身份归属
- 057　　　二、积极评价
- 058　　　三、情感依恋
- 059　　　四、行为承诺
- 060　第二节　群体认同的特点

060	一、情景凸显性
062	二、构建性
062	三、比较性
064	第三节　群体认同的动机
064	一、维持自尊
065	二、减少不确定性
066	三、归属感和个性化的需要
067	四、寻找存在的意义

第二章　群体信任解析及其影响因素

071	第一节　群体信任的内涵
071	一、信任与可信性
072	二、相信与信任
073	三、群体信任是态度
076	第二节　群体信任的类别
077	一、认知信任与情感信任
078	二、人际信任和群体信任
080	三、内群体信任和外群体信任
081	第三节　群体信任的功能
081	一、克服不确定性
082	二、简化
082	三、凝聚整合
083	第四节　群体信任的影响因素
084	一、社会分类与表征
086	二、社会认同威胁
087	三、群际接触水平
088	四、依赖和公平
089	五、文化差异和制度安排
091	六、互动情境和群体地位

第三章　群体认同影响信任的一般机理

- 095　第一节　群体认同与信任的逻辑一致性
- 095　　一、信任是群体认同的本质体现
- 098　　二、群体认同是信任的心理基础和前提
- 100　　三、信任是群体认同的现实必然
- 102　第二节　群体认同以群际接触影响信任的机制
- 102　　一、群际接触影响信任的机制
- 104　　二、群体认同促进信任的桥梁作用
- 105　第三节　社会认同威胁与群体认同影响信任的机制
- 106　　一、社会认同威胁对信任的影响
- 108　　二、群体认同对社会认同威胁和信任的调节

第四章　群体认同影响大学生信任的特殊性

- 113　第一节　大学生群体认同和信任的现状与问题
- 113　　一、大学生群体认同的现状与问题
- 120　　二、大学生群体信任的现状与问题
- 123　　三、大学生群体信任的特点
- 127　第二节　大学生群体信任困难的心理原因
- 128　　一、消极刻板与元刻板印象
- 130　　二、群际焦虑等消极情绪
- 131　　三、接触中情感卷入少
- 133　　四、自我分类的单一、固化
- 134　第三节　大学生群体信任的心理前提与基础
- 135　　一、群体认同为心理前提
- 137　　二、自尊为联结桥梁
- 139　　三、合理化的社会认知
- 141　第四节　大学生群体认同影响信任的心理机制
- 142　　一、社会认同的作用机制

143	二、社会认同威胁的作用机制
145	三、群际情绪的调节机制
146	四、共同点聚焦的作用机制
148	五、不确定感的动力机制

第五章　大学生群体认同与信任的实证分析

153	第一节　研究框架与问卷设计
153	一、具体研究内容与假设
154	二、调查对象
154	三、研究步骤
155	四、研究工具
156	第二节　实验调查与数据处理
156	一、研究一：国家认同、群际接触对群体信任的影响
157	二、研究二：国家认同在群际接触与群体信任之间的中介作用
159	三、研究三：国家认同与群际接触提升上海大学生与新疆大学生信任的实验
164	第三节　问题表现与结果分析

第六章　以群体认同和群际接触培育大学生群体信任

169	第一节　感知相似性，构建共同内群体认同
170	一、构建多层次的共同内群体认同
171	二、以交叉分类消弭差异
173	三、融合国家公民认同教育
174	四、完善中华文化认同培育体系
177	第二节　开展有质量的群际接触促交融
177	一、开展形式丰富的群际接触活动
178	二、以共同目标为前提

178　　三、引导有情感互动的高质量群际接触
180　第三节　以知情意行的认同教育增进信任
180　　一、在认知层面开展象征教育
181　　二、在情感层面设置场景促进体验
182　　三、以行动促进意志的价值观教育
183　第四节　以学习共同体强连接促信任
184　　一、构建全方位的学习共同体
185　　二、倡导合作学习
186　　三、构建虚拟学习共同体
187　第五节　发挥朋辈群体作用促信任
188　　一、提供情感支持
189　　二、共享经验
190　　三、提供反馈

结　语 / 191

参考文献 / 196

绪 论

第一节 群体认同:我们是谁?
第二节 信任:久远又崭新的话题
第三节 研究内容

信任作为一种复杂的社会和心理现象,可以从个体层面或宏观社会背景去理解。无论微观还是宏观层面,信任都是在互动中产生的,体现为一种价值关系。这种互动可以发生在个体与个体之间,也可以发生在群体与群体之间,甚至可以发生在社会关系层面。一般语境中,我们通常将信任与信赖、信心、相信、诚信、积极期待联系起来。在学术领域,信任有不同的定义,但最常见的是将其视为一种信任感,是一种积极的心理态度,包含理性选择和情感联结。

信任对人们的生活、发展有重要影响。一旦建立起信任,我们会从中获得利益,并感到更加安全。在现代社会生活中,群体层面的信任(即群体信任)对于社会的稳定、促进不同群体的团结和合作等方面都具有重要意义。人是社会性动物。我们生活在不同的群体之中,这些群体可以是生物学层面上的、政治层面上的、社会层面上的、意识形态层面上的、历史层面上的,或者是心理层面上的。我们将自己归属于不同的群体中,从而拥有了群体身份。在更广泛的群体层面上讨论信任时,作为某个社会群体的成员,我们是否信任同群体的其他成员以及其他群体的成员,这个问题就变得更加复杂。不同群体的归属会影响人们对同一个社会群体(即内群体)和其他社会群体(即外群体)的信任水平。在人际互动中,我们可以根据对方的人格特质(如诚信)来判断对方是否值得信任,但这种判断原则是否适用于群体间互动,尚需进一步探讨。因此,我们需要借助更多的理论来理解群体信任。

社会心理学家杜瓦斯(Willem Doise)在《社会心理学的解释水平》一书中提到,关于一个社会心理学概念,可以从个体内部、人际水平、群体内水平、群际水平四个水平来解释。社会心理学中的社会认同理论作为群际研究水平的主宰研究范式也可以用来解释群体信任。社会认同理论在全球化浪潮和认同危机当中孕育而生,作为欧洲本土化社会心理学的突出贡献之一,被扩展到社会学、政治学、民族学、人类学、哲学等领域,成为当代重要的社会、文化、群体心理理论。社会认同可以理解为个体因认同于某个群体而获得的统合感和归属感。① 社会认同以个人为主体,群体为客体,认同的结果是个人认可归属于该群体,并对该群体有积极的评价、积极的情感和承诺行为。社会认同本质上是个体自我认同向社会的延展和扩大,从而自我被视为群体的一部分,体现为一种集体主义。

  社会认同理论强调个体对待群体内外的差异,对同一群体成员更积极偏好,对外群体成员则有诋毁和贬损。个体在判断内外群体成员是否可信时,可用的信息是相对有限的。社会群体的类型、大小等千差万别。最初的群体依靠血缘、地缘等天然边界来划分,随着社会分工的发展,社会群体类别差异逐渐加大。在传统社会中,我们依附于以血缘和地缘为纽带建立的群体,相对容易信任。在现代社会,即便内群体成员之间也无法面对面交往,无法对成员的人格、能力等方面有更多了解。在有限而模糊的信息线索下,对方拥有的群体身份成为判断其可信度的重要线索。群体身份作为一个客观实在,最终通过社会认同的个体承认来实现。个体因其社会认同的不同与差异,对归属于不同群体的成员有不同的信任程度。此时,群体信任具有社会认同的性质,因为信任意味着对被信任者的积极评价。深入探索信任,尤其是群体信任,认同为一个重要的相关因素。另外一方面,信任是"联结个体认同系统各要素的纽带"②。大学生的年龄通常在18岁到25岁之间,他们是一个多样化的群体。除了完成学习任务和学业要求之外,大学生正处于心理学家埃里克森心理发展理论中的"自我认同"和"寻找亲密"的阶段,这是一个成长和自我探索的阶段,他们的群体认同和信任具有一定的研究价值。

  当前,我国正处于一个由传统社会向现代社会全面转型的时期,在经济、政治和社会意识方面都在发生着变化,这些变化影响着当下大学生的方方面面。同时,文化价值体系呈现出越来越多的多元化,不同文化之间的融合、碰撞和冲突对大学生的身份认同产生巨大的影响。在多元文化时代下,社会失范现象越来越严重,当代大学生在面临众多选择的同时也感到迷茫——自己是谁?要往哪里去?大学生的群体认同面临着巨大的

---

① 杨治良,郝兴昌. 心理学辞典[M]. 上海:上海辞书出版社,2016:78.
② 尹岩. 个体认同论[M]. 北京:中国社会科学出版社,2021:12.

挑战，他们需要明确自己在社会中的位置、身份、文化归属并进行重新定位。群体认同则恰好可以帮助大学生更好地确认自己的位置和归属。群体认同是社会联结影响个体心理健康的前提，为大学生提供了应对挫折、变化与挑战的心理资源，增强了其信任感、归属感、安全感和支持感。通过群体认同来促进群体信任体现在，群体价值观、目标的内化赋予了大学生生活的意义和目的，为大学生提供了动机与动力，鼓励大学生与其他各类群体成员一起努力实现个体所无法完成的目标，还可以在一定程度上降低大学生对各类群体的偏见，促进不同群体的交流交融，帮助其融入社会。

信任是构建和谐社会不可或缺的重要组成部分。信任不仅能促进人际关系，化解群际冲突，还能促进不同群体之间的合作，有利于各项协议的达成，避免经济损失。随着改革开放的不断深入，中国经济高速发展，取得了举世瞩目的成就，但也应注意到中国的社会信任已遇到危机，成为一个严重的社会问题。从个人生活领域到共同生活领域，无论是群体之间关系的普遍心理还是各个阶层的基本观念，都可以看到由不信任引发的纠纷、冲突，导致了巨大的社会内耗，对于构建和谐社会造成了重大影响，而大学生的群体认同和信任对其他社会群体能产生一定的示范作用。

习近平总书记指出，人心是最大的政治。青年是国家的未来，他们对多元群体的认同和信任能凝聚更多人心。作为国家未来的主人翁，青年群体的认同和信任对于国家的稳定和谐发展具有重要意义。

第一节

群体认同：我们是谁？

一、群体的概念

荀子曾说过，人之生不能无群。相对个体而言，群体可以看作个体的共同体。群体作为一个学术概念,更多来自社会学和社会心理学的定义。20世纪20年代末芝加哥学派的代表人物伯吉斯(Ernest Watson Burgess)在《人格和社会群体》一书中提出,群体是"若干互动的具有特定人格的个人集合"。1905年美国社会学家斯莫尔(Albion Woodbury Small)将群体定义为"一大群或一小群的人,在期间所存在的关系使我们必须把他们作为整体来考虑"。泰勒(S. E. Taylor)等在《社会心理学》一书中提到,社会科学家眼中的群体有更加狭隘的定义:在一个群体中人们互相依赖,至少有互相交流的可能性。在大多数群体中,群体成员之间都有面对面的接触。在此基础上,美国社会心理学家谢里夫(Sherif)提出了群体形成的三个条件,即"交往、共同活动和目标一致"。

一般而言,群体有以下的特征:由一定数量的人群构成,可以是国家、民族、职业等;有共同目标,群体目标是群体功能的具体体现;群体成员之间产生联系,在心理与行为上互相影响,产生认同感、归属感;群体之间有结构,有共同的行为规范和价值观。同时,群体具有以下功能:完成组织任务,实现组织目标,具有生产性功能和维持性功能;满足群体成员的多种功能;使群体成员获得安全感;满足亲和与认同的需要;满足群体成员成就感和自尊的需要。群体的价值和力量在于其成员思想和行为上的一致性,而这种一致性取决于群体规范的特殊性和标准化的程度以及个体自尊心的需要;在满足需要的基础上产生自信心和力量感,这也是群体的动力来源。

国内社会学者对群体内涵有不同的界定。周晓虹认为群体是指"通过一定的社会关系结合起来进行共同活动而产生相互作用的集体"。时蓉华认为,群体是个体的共同体。沙莲香则认为群体是一些人在一定的空间和时间内相互作用,直接或间接地使有效的相互作用在持续性、广泛性和融洽性上达到密切的程度,并在自身内部形成一个内部准则来指导价值实现。俞国良认为群体是一群拥有同一目标和规范的个体,是相互影响、共同生活,具有内聚力的一个集合体。方文则提出,相比群体成员之间共享的工具主义和客观主义的特征,比如由地位和角色呈现出的内在结构、面对面的互动,都无法界定群体的核心特质。比如国民群体,成员之间不一定直接面对面互动,但是每个中国人都将自己视为中国人的一部分。在他看来,群体是由两个和两个以上的个体组成的集合,个体自愿将其归属为该群体,在群体中获得认同感和归属感,并得到他人的认可。

二、群体与共同体

什么是共同体?共同体(community)是指人们在共同条件下结成的集体。共同体概念更多指向群体中的同一性,这种相同可能来自地缘、血缘、身份等。对于共同体的探讨,可以追溯到古希腊时期亚里士多德的城邦共同体。在西方领域共同体更多体现为一种群居生活而形成的社会关系。共同体可以指共同居住的"社区",也指大型团体和机构,如国家社区、国际社区和虚拟社区。马克思的共同体理念为构建共同体提供了重要理论来源。马克思考查人类的发展历史,认为共同体与人类共存,在未来也会继续成为人类存在与发展的一种存在,然而在本质上这些不同的共同体存在差别。马克思把人的自由全面发展以及全人类的解放作为自己学说的终极追求,他所提出的"自由人联合体"更是对人类未来命运走向的科学预判。马克思的共同体有具体、联盟、团体的联合体之意,提到人类"只有在共同体中才有个人自由"[①],用"自由人联合体"诠释了共同体的内涵。在他看来,从人类历史发展过程来看,人类社会要经历三大共同体形态:第一阶段是以人的依赖为基础的自然共同体,第二阶段是以人对物的依赖为基础的货币共同体,第三阶段是以人的自由而全面发展为特征的真正的共同体。而生活于现代工业文明中的人类处于第二阶段共同体中,其特点是以改造和征服自然为主基调,以人的异化和主体性的丧失为代价,其结果必然导致人与自然、人与人、人与社会之间关系的空前紧

---

① 马克思,恩格斯.马克思恩格斯选集:第3卷[M].北京:人民出版社,2012:860.

张。资本主义社会所展现的只是一个"虚假的共同体",人类社会的发展必然要扬弃自然共同体、货币共同体,进入真正的共同体,也就是既符合人的类本质,又使人与自然和谐共生的更高阶的文明共同体。

马克思的共同体思想对德国社会学家滕尼斯(Ferdinand Tönnies)产生了影响。滕尼斯将共同生活分为:以情感导向为基础的共同体生活,呈现出有机的、持久的、自然的特点;以利益为导向的社会生活,呈现出人为的、暂时的和机械的特点。在其《共同体与社会:纯粹社会学的基本概念》一书中,共同体被界定为一个社会学概念,是指拥有共同事物的特质和相同身份与特点的感觉的群体关系,是建立在自然基础上的、历史和思想沉淀的联合体;是有关人民共同的本能和习惯,或思想的共同记忆;是人们对某种共同关系的心理反应,表现出直接自愿的、和睦共处的、更具有意义的一种平等互助关系①,人们休戚与共、同甘共苦,在这里人们共同生活、共同居住、共同工作,从而产生了血缘、地缘、精神三种共同体。"共同体"与"社会"的区别在于,共同体是持久共同的生活,社会只不过是暂时的表面的一种生活。共同体是依靠本质意志这一心理学概念来维持和发展的,具体包括人的本能、习惯和记忆三种形式或机制,表现为一种自愿、和谐、平等互助、共生排他的关系。滕尼斯对共同体进行的系统阐释和明确定义为后来共同体的相关研究奠定了基础。

英国的社会学家鲍曼(Bauman)推崇滕尼斯的共同体思想。在他眼中,共同体是一个充满信任与安全感的"家",个体在共同体之中付出自由的代价。"共同体"是一种感觉,它是一个"温馨"的地方,一个温暖而又舒适的场所。它就像是一个家,在这个家中,我们彼此信任、互相依赖。它像一个屋顶,在它的下面,可以遮风避雨;它又像是一个壁炉,在严寒的日子里,靠近它,可以暖和我们的手。在外面,在街上,却四处潜伏着种种危险;当我们出门时,要观察我们正在交谈的对象和与我们搭讪的人,我们每时每刻都处于警惕和紧张之中。可是在"家"的里面,在这个共同体中,

---

① [英]齐格蒙特·鲍曼.共同体:在一个不确定的世界中寻找安全[M].欧阳景根,译.南京:江苏人民出版社,2003:177.

我们可以放松起来——因为我们是安全的,在那里,即使是在黑暗的角落里,也不会有任何危险。共同体的"独特性""小""自给自足"三个特征维护了共同体的稳定。他认为在当代社会人们创造出一个全新的共同体——民族国家,以满足人们对身份的认同。可以看到,共同体是身份认同的涅槃,只有共同体在瓦解时,才会通过身份认同来强化共同体对个体的意义。现代民族国家与公民的关系,就是共同体与个体关系最成功的模式,民族国家可以保证个体自由与安全的双重价值需求。

民族主义理论家本尼迪克特·安德森(Benedict Richard O'Gorman Anderson)受到后现代思想的影响,他在《想象的共同体:民族主义的起源与散布》一书中提出了建构主义的民族观。安德森认为,民族和国家并非由宗教、语言、族群等社会要素决定,它们是想象的产物。他写道:"它们是一种想象的政治共同体——并且,它们是被想象为本质上是有限的,同时也享有主权的共同体。"想象并不意味着虚构和捏造,而是指一种社会心理学上的"社会事实"。民族是现代社会中的一种想象,是政治和文化建构的产物,同时也是根植于人类深层意识的心理建构,与历史文化变迁相关。安德森强调:"它们是想象的,因为即使是最小民族的成员,也不可能认识他们大多数的同胞,和他们相遇,甚至是听说过他们,然而,他们相互联结的意象却活在每一位成员的心中"①。

在国内,共同体也指社区,20世纪30年代由吴文藻、吴景超等老一辈人类学家、社会学家提出。中国学者大多关注村落共同体的发展,也有一些学者从心理学和社会学角度来定义共同体。张志旻等提出"一个基于共同目标和自主认同、能够让成员体验到归属感的人的群体",在共同体的生成过程中,共同目标是前提,身份认同是基础,归属感是维系的纽带②。肖珺提出虚拟的共同体包含着连接、信任、认同三个要素,紧密连接

---

① [美]本尼迪克特·安德森.想象的共同体:民族主义的起源与散布[M].吴叡人,译.上海:上海人民出版社,2005:8.
② 张志旻,赵世奎,任之光等.共同体的界定、内涵及其生成——共同体研究综述[J].科学学与科学技术管理,2010(10).

而形成的关系比成员更为重要,并衍生出共同行动;信任促进成员互动和行动;对身份和文化的认同促发了成员参与。江宜桦则指出,在当今时代,共同体更多建立在共同分享的基础或共同追求的目的上,并关注于内部构成分子之间的有机关联、沟通与分享、认同和参与①。可见,共同体强调共同目标、共同生活、共同协商、共生发展等蕴意。

共同体作为西方的概念,其定义围绕着"基于血缘、地缘、情感、相同生活价值观和目的天然聚集的组织、群体"。随着社会生活的不断变化,共同体的概念也不断被建构。共同体开始脱离血缘、地缘的束缚,出现了政治共同体、经济共同体、科学共同体、行业共同体、虚拟共同体等。共同体的出现与发展都围绕在历史的维度中,用发展变化的眼光来看待共同体在不同历史时期、不同生产力水平、不同生产关系、不同文化中的变化。但核心概念强调共同体对过去、现在和未来的人类生活都具有重要意义。我们需要在互相依存中获得归属、安全、信任和发展,这不仅是政治、经济和文化的需要,更是一种心理需要。也就是说,共同体是一个由共同目标、身份认同形成的互相依存、紧密联结、信任互助的群体。在共同体中,成员能体验到由积极社会认同带来的心理的安全感和归属感,基于对其他成员的偏爱和信任,认知上会弱化差异扩大相同,在行为上积极维护共同体的发展。时空的连接、暂时的利益结合都不是理想共同体的特征,成员真正参与、互动和共享,拥有持久的情感联结和共同价值的,才是真正意义上的共同体。

群体与共同体都是一定数量个体的集合,共同体更多意义上是一个基于共同目标和自主认同、能够让成员体验到归属感的人的群体,一般意义上的群体是有领导者和明确的组织结构,但是共同体则不需要明确的结构。本书的群体更多是跟共同体类似的概念,并不需要明确的结构,而是在认知确认和情感联结基础上产生的人类共同体。基于国内外学者对群体的界定,尤其是方文从社会认同理论的视角来界定群体。借鉴其定

---

① 江宜桦.政治社群与生命共同体——亚里士多德城邦理论的若干启示[M]//许纪霖.共和、社群与公民.南京:江苏人民出版社,2004:128.

义，认为群体是两个及以上个人的集合体，个体体认自己归属该群体，在情感上有归属感。

三、认同的概念

认同是人类生活中普遍的现象。认同可以用 identity 和 identification 来表示，通常我们在汉语中使用的"认同"一词，表达的是英文中该两词（identity 和 identification）的联合意义。认同在中文中一般有两层含义：第一层是承认和认可[1][2]；第二层是"同一性"，意味着跟自己有共同之处而感到亲切。人是社会性动物，个体因为与他人有"相同"会带来熟悉与安全感，引发亲切、喜欢等积极情绪。现实生活中的个体，必须依存环境与他人，其对依存的这个世界包括自己都需要有各种承认和认可。

在哲学、心理学、社会学、经济学、政治学等领域，"认同"都是关注对象。从起源上来说，认同源自哲学。在洛克（John Locke）所在的时代，"认同"（identity）已开始与哲学中的认识主体问题发生关联，这为当下"认同"概念被广泛接纳奠定了基础。认同在当代哲学领域中是一个突出的问题，认同本质上在讨论"我是谁""我应该如何"，是个人或群体关于"我是谁"的反思性理解。认同可以看作是个体或群体关于"我是谁"的反思性认识，是一个人以自己为客体，又以自己为主体来进行自我认识，从而形成的稳定图式。

心理学家最早研究认同问题，"认同"这个概念在心理学领域才得以概念化。在 19 世纪末期，弗洛伊德将认同界定为"个人与他人或群体的情感趋同和心理趋同的过程"。他指出，认同可作为一种心理防御机制，个体通过模仿某个模范人物的行为、特点来自我增强，从而认为自己拥有了与

---

[1] 贾英健. 全球化与民族国家[M]. 长沙：湖南人民出版社，2003：282.
[2] 中国社会科学院语言研究所词典编辑室. 现代汉语词典（第 5 版）[M]. 北京：商务印书馆，2005：1150.

模范人物一样的力量,以此来应对焦虑。① 此时的"认同"(identification)也被翻译成自居,是个体对某种模范人物的依恋。从20世纪30年代开始,认同开始作为重要的心理学概念被研究。在心理学中,学者关注更多的是自我觉知下寻找身份的认可。心理学家埃里克森(Erikson)用"自我同一性"(self-identity)来界定认同。1968年,他在《同一性:青少年与危机》一书中提出,认同代表个人对自己身份的认知,代表着内心要与理想群体趋同,认同是个体是在自我概念发展过程中所体验到的完整感、连续感和唯一感。埃里克森也提出了"认同危机"的概念,即"有活力的人格能经受住任何内外冲突,在每一次危机之后再度出现而且逐次增强统一感"②,而且将认同划分为"个体认同"(自我同一性)和"群体认同"。菲尼(Phinney)发展了埃里克森的社会认同理论。在他看来,认同是一个复杂的结构,包括个体对群体的归属感,还包括个体对自己所属群体的积极评价及其个体对群体活动的卷入情况。他提出了族群认同的四阶段:弥散性认同,个体认同确实或弥散;排斥的认同,个体表现出对种族特性的关注;延迟的认同,个体继续探索族群认同,需经历一个混乱的过程;获得性认同,合体将群体认同整合到自我概念之中。最有影响力的是社会心理学家泰弗尔(Tajfel)和特纳(Turner)提出的"社会认同",即每个人都趋向用所属的群体来定义自己。个体通过自我分类,将自己归属某个群体,产生内群体偏好与外群体贬损,通过实现或维持社会认同获取积极自尊。社会认同不同于个体认同,个体认同是对个人具体特点的描述,体认"我是什么""我是谁"的过程;社会认同是一个社会群体得出的自我描述,个体对群体归属、社会位置和文化归属的体认。社会认同不仅对个体有重要的价值和意义,对群际关系、群际行为也会产生深刻的影响。因社会认同理论的兴起,认同的研究从个体水平走向群体水平,其成为影响心理学、社会学、政治学、民族学等领域重要的理论。

---

① 李孟潮,王高华.对弗洛伊德著作中认同的概念研究[J].上海精神医学,2005(2).
② [美]埃里克·H.埃里克森.同一性:青少年与危机[M].孙名之,译.北京:中央编译出版社,2015:62.

在学术领域对认同的广泛研究中,心理学对认同的本质做了清晰的阐释,提出认同的本质就是同一性,是追求身份同一性的心理过程。社会学、政治学则对认同进行了延展。在社会学领域下的认同,是社会生活中体现在人的思想和行为上的社会事实和现象,主要描述一种特殊的集体现象,包含群体特性和群体意识两个层面:一个群体的成员具有重要的乃至根本的同一性,即群体特性;群体成员团结一致、有共同的性情意识和集体行动①。比如,社会学家汉斯·莫尔将认同分为个人和社会两个层次,个人层次的认同是个体在混沌环境中所占据的稳固位置以积极防御外在环境;社会层次的认同是一个广泛普遍的信仰、模仿和价值的综合,从而能抵御外在事物对本身环境与成员的威胁来维持自身。在政治学领域,与社会学领域一样,将认同作为特定政治行为的原因、动力和结果。

国内的学者大多沿袭西方关于认同的研究成果。王希恩指出,认同是个体对自己某种群体归属的感情归属②。张春兴认为社会认同是指"个人的行为思想与社会规范或社会期待趋于一致。具体包括了价值认同、工作或职业认同和角色认同"③。沙莲香认为认同是心理学中用来解释人格结合机制的概念,即人格与社会及文化之间怎样互动而维系人格的统一性和一惯性,体现了主体性和归属性。王春光则将认同视为对自我特性的一致性认可、对周围社会的信任和归属、对有关权威和权力的遵从等。方文提出认同是行动者对自身独特品质或特征积极的认知评价、情感体验和行动承诺④。

认同的主体只能是人,一般意义上指的是个体的人。正如前文所说,其指向不同的对象,这时候更多以过程来呈现。然而,认同最终还是要回归到认同主体自身,以认同的结果在认同主体上体现其意义与价值。认同作为一个过程与结果,意味着认同主体与认同客体趋同(同一性)的过

---

① 钱雪梅. 从认同的基本特性看族群认同与国家认同的关系[J]. 民族研究,2006(6).
② 王希恩. 民族认同与民族意识[J]. 民族研究,1995(6).
③ 张春兴. 青年的认同与迷失[M]. 台北:台湾东华书局. 世界图书出版社,1993:26 - 29.
④ 方文. 学科制度和社会认同[M]. 北京:中国人民大学出版社,2008:148.

程,从而形成一种归属关系与情感联结。在当下的学术研究中,对认同有一个基本的默认,即认同意味着同意/赞同、确认/承认/归属。

社会认同理论也将认同划分为个体认同和社会认同,个体认同是一种最低层次的自我分类,这样可以将自我与其他个体区别开来,个体按照个人的意愿和目标来行动;社会认同则是个体将自我作为某种群体中的一员,将自己与其他群体成员区别看待,按照维护群体利益的原则来行动。个体认同和社会认同在何种条件下被激活,则取决、依赖于具体的情景,比如,社会比较或标准化的适应会促进社会认同而抑制个体认同。另外,个体认同都是以社会中的特定的人或社会群体为参照来进行的,因而,个体认同本质上也是社会认同。同时,从主体的角度看,认同可以分为个体认同和群体认同两种。一般说来,社会认同是与群体相关的认同。英国社会学家詹金斯(Rechard Jeckins)对社会认同的分析比较权威。在他看来,社会认同是有关某个集体的共同认同,是"人们之间的相似性,以及群体成员相信他们之间具有的某些共同的、相似的东西"。社会认同包括内在和外在两方面:前者是指群体认同,即群体成员在主观上所具有的群体归属感;后者是指社会分类,即社会对某一成员的群体归类和划分。可见,社会认同是群体认同和社会分类这两个过程互动的产物。在詹金斯看来,社会认同是人的社会性的具体体现,是人作为社会存在的一个特征或属性。社会认同乃是"我们对关于'我们'是什么人和'他们'是什么人"的理解。个体认同与社会认同相对应,个体认同也涉及内在和外在两方面:内在方面指的是个人在主观上的自我认同;外在方面则是社会对个体的分类和评价,涉及个体的自我形象(人对自己的全面评估)和公共形象("他们"怎样看"我",或"我"在他们心目中的形象),是社会对个人的分类和综合评价。个体认同是个体人生经历的综合,但它并不排除社会认同。实际上,个体认同融合了个人的各种社会认同成分(如年龄、性别、职业等),是各种社会认同要素在个人身上的独特的综合。

在现代性社会,个体认同的对象越来越复杂,而且认同对个体的自我认识、社会归属和社会存在显得更加重要。个体的认同不再指向血缘、地缘、宗族或职缘,而是指向对整体社会控制和管理的权威——民族国家,在其强大权威的庇护下获得安全感、确定感,并因为稳定的依赖关系而产生信任感。从某种意义上说,认同是现代人实现安身立命的方式。民族共同体认同是人们指向民族共同体的一种认可、归属,这个认同也是一种社会认同,可以实现自己的归属需要、提升自尊和抵御无常感。总的看来,认同就其概念而言具有三个基本特点:社会性、可塑造性和可共存性[1]。而且,认同是在社会过程汇总不断建构,并伴随着社会制度、利益的变化而得到重塑的。

四、群体认同

(一) 群体认同溯源

只在个体的人格水平来研究认同,在面对群体意识和集体行为时便会苍白无力,因此,有必要开展超越个体水平的群体认同研究。群体认同是有关认同在群体水平上的一种研究取向。群体认同本质上是需要解决一个问题:我们是谁?社会心理学最早开始研究群体认同。心理学家勒温(Kurt Lewin)指出,个体为了维持健康,需要一种牢固的群体认同。埃里克森等认为,个体的认同对于人格发展和心理健康至关重要。作为一种类别化的动物,人类生活在社会中,并且每个人都属于某些特定的群体,如民族、宗教、性别、国家等。这些群体对个体的心理和行为产生影响。个体的认同主要来自所属社会群体的归属感,这有助于构建个体的自我感知和自我概念,从而体现出个体的独特性和个体性。因此,群体认同对于个体的意义不可忽视。

后续的社会心理学研究认为群体认同受到个人因素与社会因素的共同影响。群体以其稳定的结构整体,影响、制约着群体成员的心理活动水平、行为方式以及稳定个性心理特征的形成,并导致个体在与群体的互动

---

[1] 杨筱. 认同与国际关系——一种文化理论[D]. 中国社会科学院研究生院,2000.

中相应地产生归属感和认同意识。20世纪60年代末,欧洲社会心理学体系中的社会认同理论(Social Identity Theory)最具代表意义。社会认同理论侧重于研究个体对其所属群体的认知与归属感,以及群体中个体间互动与分化、整合的趋势。社会认同理论中被广泛接受的对群体认同的定义来自泰弗尔,他认为社会认同是个体自我概念的一部分,是从被赋予了群体价值和情感意义的成员身份中所获取的。迈克尔·豪格(Michael A. Hogg)指出,社会身份涵盖了社会认同,即个体通过描述其所属的社会群体(如国家、民族、宗教等)成员身份来定义自我。这些社会群体的成员身份对个体的自我概念、心理和行为产生重要影响,因为不同群体的成员可能存在信仰、价值观、行为方式、语言和服饰等方面的差异。个体的社会身份和群体认同对于其人格发展和心理健康具有重要的影响。

我国学者赵云丽根据族群认同来理解群体认同,认为行动者具有将自身归类于某一群体并与其他群体相区别的主观性意识,并对所属群体具有心理归属感;在群际关系中,社会认同通常指个体对某个群体的认同。安秋玲则认为在群体背景下,个体知觉到群体特征,并自觉与群体特征保持一致。叶娜认为群体认同既是过程也是结果;作为过程它是个体通过对群体特征的加工,从而形成整合的自我概念的方式;作为结果它是自我概念的重要组成部分,群体认同中不仅包含了对群体身份的觉知,也包含了该群体中所共享的价值和情感意义。

(二)群体认同理论

关于群体认同的理论,主要包括美国的社会比较理论(Social Comparison Theory)、欧洲社会心理学的社会认同理论(Social Identity Theory)和以美国符号互动论为基础的认同理论(Identity Theory)。这三种理论研究重点不同,但都强调自我与社会的交互作用。

1. 社会比较理论

社会比较理论是一种解释人际关系中相互评价、自我评价和群体评价的心理学理论。费斯廷格（Leon Festinger）在 1954 年首次提出了该理论的构思，主要关注个体如何通过与他人比较来评价自己的能力和观点。

社会比较理论提出了三个基本假设：一是人类有一种固有的动机。费斯廷格认为，人类有一种与生俱来的动机，即通过社会比较来评价自己的能力和观点。这种动机是一种自我评价的过程，可以帮助个体了解自己在社会中的地位和价值。二是不确定性降低。当个体对自己的能力或观点感到不确定时，他们更有可能寻求社会比较的过程。通过与他人进行比较，个体可以降低这种不确定性，从而提高自己的自信和满意度。三是相似性原则。人们更倾向于与相似的人进行比较。这是因为与相似的人进行比较更容易找到共同点，从而降低不确定性，以提供更准确和稳定的自我评价基础。此外，与相似的人进行比较还可以让个体感到更安全、更舒适。社会比较不仅发生在个体间，也发生在群体间，涉及过去、现在和将来"自我"的比较，可以是有意识的，也可以是无意识的；可以是显性的，也可以是隐性的；可以是刻意的，也可以是自发的。

社会比较理论认为有两种社会比较的形式：第一种，向上的比较（Upward Social Comparison），指的是个体将自己与表现更优秀的人进行比较。这种比较可以激励个体努力提高自己的能力，从而达到更高的水平。然而，过度的向上比较也可能导致个体产生嫉妒、自卑和挫败感。第二种，向下的比较（Downward Social Comparison），指的是个体将自己与表现较差的人进行比较。这种比较可以提高个体的自尊和满意度，但同时也可能导致骄傲和自恋。人们可以进行向上的比较（与比自己更优秀的人比较）或向下的比较（与比自己更差的人比较），这取决于他们的动机和目标。社会比较可以导致同化（自我评价靠近比较对象）或对比（自我评价背离比较对象）的效果。

社会比较理论实质上是群体形成和依赖的人际关系理论，个人寻求具有相似性的他人满足对自我概念和社会现实的需求，而内群体及其认同源自个体之间这种互相连接、关联的过程。社会比较理论为我们提供了一种理解人际关系、自我评价和群体评价的有效框架。通过研究社会比较过程,我们可以更好地了解个体在社会中的地位和价值,以及如何利用社会比较来提高个体的自尊和满意度。

2. 社会认同理论

人类是以社会群体的形式存在于这个世界的,每个人都身处各式各样的群体中,小到家庭,大到性别、种族、民族、国家等社会性群体。社会认同理论是第二次世界大战后欧洲心理学对世界心理学最伟大的馈赠之一,泰弗尔和他的学生特纳对于该理论的形成作出了里程碑式的贡献。所谓社会认同指的是个体从他感知到的自身所属团体那里得来的自我形象,以及作为团体成员所拥有的情感和价值体验。社会认同理论关注的是一种心理化的群体,研究当个体主动将群体心理化之后,产生积极情感和价值意义从而区分他者的整个过程。

在社会认同理论看来,个体的群员身份不仅是一个社会现实,也是一个心理现实,对个体有认知、情感和价值内涵。个体具有一系列的群体身份,这些群体身份以社会认同的形式被表征在成员的脑中,描述和指导着个体作为某一群体成员应有的态度,并告诉他们应该如何去想、如何去感受、如何去做。

社会认同理论采用泰弗尔等开发的"最小群体范式"来进行研究。在这个范式中,首先是对被试对象进行分组,分组标准是随机或微小的非社会性特征,接着让被试对象对内外群体的成员进行资源分配。在资源分配中,被试对象在资源分配结果和个人利益没有任何关系的前提下,仅仅依靠资源接受者的群体身份来判断。研究结果显示,被试对象给内群体成员分配的资源要比给外群体成员的多。因为最小群体范式中的成员之间匿名,无法利用任何背景进行联想,内群体之间和内外群体之间没有接触互动,所以可以说明被试对象仅仅通过认识上的分类心理就足以引发内群体偏好和外群体敌意。

社会认同理论提出了一个广泛的假设——自尊假设:人们构建社会认同的目的在于通过自己所认同的群体进行积极的群际比较从而其自尊得到维护和提升。也就是说,个体的社会认同是为了满足自尊的需要。

无论是在人际互动行为中还是在群际互动行为中,人们都会因自尊这一基本需求而突出自己在某方面的特长,使自己在群体比较的相关维度上表现得比外群体及其成员更出色。社会认同是一个人对其所属的社会类别或群体的意识,是由社会分类、社会比较、积极区分原则而建立①。

社会认同理论关注群体间的地位关系,因此,泰弗尔和特纳开展了对低地位群体成员的研究。社会认同理论认为,处于低地位群体的成员会从三个方面获得积极的社会认同:一是个体流动。个体尝试脱离之前的低地位群体,加入地位较高的群体之中,这是个体化的一种改变策略。二是社会创造。群体成员通过重新界定或改变群际比较的标准,为自己所属低地位群体寻求积极区别。具体可分为三种方式,即在一个新的维度上比较、改变群体品质所附有的价值和改变与内群体比较的外群体。三是社会竞争。低地位群体的成员通过直接的与外群体的社会竞争寻找积极认同。社会创造和社会竞争都属于群体改变策略。社会认同理论将认同的主体由个体拓展为群体,强调个体与群体之间的关系,个体因自尊和归属的需求而产生认同。该理论对群体行为有很好的解释作用,也逐渐成为群体认同相关研究中的核心理论。

20 世纪 80 年代,特纳在社会认同理论上发展形成了自我分类理论。该理论深刻洞察了个体心理的建构性,关注于分类的过程而不是群际比较,因此,自我分类理论也常常被认为是社会认同理论的一部分。

自我分类理论认为,个体会自动将人和事物分类,从而自动划分为内外群体。个体在分类的过程中建构自我,寻找自我的价值和意义。具体而言,个体一旦将自己分类到某一群体之中,就会通过向群体原型靠拢、去个性化等积极呈现更多的原型特征。其中,去个性化会进一步夸大每一类群体成员的相似之处,而忽略其差异。

自我分类理论认为个体拥有多重的个体认同和社会认同,多重的认同中哪一种更重要则由特定的情景因素来决定:一是类别的可及性,即特

---

① Tajfel H. Social psychology of intergroup relations[J]. *Annual Review of Psychology*, Vol. 33, No. 1, 1982.

定类别在某一种情景中可以从记忆中提取出来的难易程度。一般而言,个体经常使用的是可及性较强的类别,或者说与个体的目标、利益等更为相关的类别。二是契合度,指的是个体与群体原型或刻板印象的一致性程度。当群体成员与群体原型的契合度较高时,该群体分类就会被激活。例如,一个人外在特征和行为方式符合大学教师的原型,那么这一类群体分类就很容易被激活。

自我分类由个体的自我提升和降低不确定性的动机来触发和推动。自我提升意味着个体要保护或提高其所属群体相对其他群体的地位和优越性。同时,通过自我分类来认同为某一种群体成员,可以降低个体在社会生活中的不确定性。尤其在风险性社会里,个体通过自我分类的社会认同,可以回答"我是谁""我们是谁""他们是谁",并可有效地感知或预测自己和他人的行为以降低不确定性。

自我分类理论是对群体形成和内群体倾向认知基础的代表性深层阐释。自我分类理论作为社会认同理论的发展,都强调分类在群体认同中的作用,但是两者有所区别。自我分类更关注个体的心理建构,而社会认同则关注群际互动中个体的群际区分,自我分类理论对社会认同理论的动机进行了补充,认为自尊不是唯一的动机,不确定性也是动机所在。

3. 认同理论

符号互动理论中,库利(Charles H. Cooley)强调自我是在同他人的交往或互动中产生的,个体在互动的过程中了解他人的姿态或立场并据此来认识自己。库里提出的"镜中我"是指想象自己站在他人立场上,并以他人看待自己的方式来评价自己。"镜中我"反映了自我、自我认同是在社会互动中产生的观念,因此一个人的自我认知或自我认同即为别人对自己看法的反映,触及了自我认同概念的核心。米德(George H. Mead)指出个体可以对待他人的方式来对待自己,从而获得自我感。个体在意识中采用了双重视角,既是观察的主体,又是观察的客体。个体在想象中站在他人立场上并从这一视角看待自己,将自我分为作为主体的"I"和作为客体的"me"。自我形成分为三个阶段,即玩耍、游戏和概括化他人(generalized others)。其中,概括化他人是个体通过团体生活而将之内化的,是自我发展中最后阶段的关键性因素,最终通过"角色扮演"来习得社会规范。"概括化他人"中的"他人"指的不是具体某人或某群体,而是社会规范和道德标准。

符号互动理论强调社会以"角色扮演"的核心机制来影响自我,从而再去影响个体的社会行为,这对认同理论的发展有重大的意义。认同理论在角色的基础上,认为自我认同不是一个单独的心理实在,而是源自社会多重角色的社会建构,每个人因为角色不同从而使自我呈现出差异。斯特莱克(Sheldon Stryker)据此进一步提出"角色认同",强调对应于在社会生活中的不同角色,个体也具有不同的自我成分[①]。

在认同理论看来,斯特莱克创建了以角色认同、认同显著性和认同承诺为核心的结构符号互动论视角,其在北美洲的社会学领域有重要地位,形成了与欧洲社会认同理论相对应的另外一种研究脉络。在斯特莱克看来,认同是连接社会结构和个人行动的关键。在《符号互动论:一种社会结构观点》中,斯特莱克就此写道:一方面社会为各种角色提供了认同和自我的基础,另一方面自我也是社会行为的积极创造者。自我界定、角色认同本身就暗含了行动蕴义。一个角色就是一系列引导行为的期望,而这些行为渴望被他人认可。令人满意的角色不仅证实了个人作为角色成员的地位,而且也是自我评价的积极反映。相反,如果来自他人的反馈和一个人的自我认同不一致的话,就会产生心理上的压力和焦虑。按照伯克(Burke)的观点,认同具有自动控制系统的作用:它具有降低不协调的机制,由此人们可以修正自己的行为以达到与其内在的认同标准一致的目的。如此,认同和社会结构也被认为是一枚硬币的两面。

认同理论将角色认同和行为情感联系在一起。一个角色或身份在不同情景中激活的可能性就是认同的凸显性。一个人可能拥有多个不同的角色,针对这些角色的认同是按照层级式组织起来的,层级越高的角色便

---

① Stryker S. *Symbolic Interactionism: A Social Structural Version*[M]. Palo Alto, CA: Benjamin/Cummings, 1980.

越可能在某一个具体的情景中表现出来,呈现出认同凸显性。比如,一个人有大学生的认同,但是他在高校校园里大学生的身份并不容易激活,但是他去了高中,此时大学生身份就会凸显出来,这种凸显会影响个体的行为、情感和价值观。

某个特定的认同之所以被凸显是源自个体对该角色的承诺。该承诺是指个体与特定他人的关系在多大程度上依赖于做某个特定类型的人,反映了他人认为他应该占据这个角色的重要程度。承诺可以分为两种:一种是相互作用的承诺,体现与一个特定认同的角色数量,即承诺的广度;另一种是情感承诺,涉及与认同相联系的关系重要性,体现承诺的强度。个体对某一认同的承诺越强,此种认同就会凸显。

综上,关于群体认同的三种理论,都围绕着个体的心理行为在群体中的影响和表现。自我分类理论是在社会认同理论基础上发展起来的,自我分类更强调分类在社会认同中的作用,是社会认同理论的微观化。社会认同理论指出社会认同是由类化、认同和比较三个基本历程组成的;认同理论则强调个体对自己所属的群体的认同程度。社会比较理论和社会认同理论都涉及人们对自己和他人的评价,而认同理论则认为个体会通过与自己所属群体的比较来确定自己的身份认同,从而影响个体的行为和态度。

认同理论基于符号互动理论,更多强调社会互动对认同的影响,着眼于角色概念上对自我概念的影响。社会认同理论是欧洲本土心理学理论,基于群体类别和身份对自我概念的影响,其研究对象更具有社会学的视野。但是社会认同理论与认同理论有相似性,都强调了认同在自我概念中的重要作用以及一定情景中认同的凸显,也都强调了认同的动机来自自尊、自我确定。

可以看出,这三种理论都关注了个体与他人、个体与社会关系对于行为和态度的影响,其中社会比较理论和社会认同理论侧重个体与群体的关系,而认同理论则侧重个体对自我认同的建构和维护。此外,这三种理论都涉及人们对自己和他人的比较,以及对自己所属群体的认知和态度。

这些理论可以相互印证和补充，帮助我们更加深入地理解个体在社会群体中的行为和决策。

第二节

信任：久远又崭新的话题

信任是一个既久远又崭新的时代话题。信任在人类生活中无处不在，是一种普遍存在的人际依赖关系，是维持幸福和人际关系的重要因素。信任还是群体合作的前提，但只有当信任出现危机甚至瓦解时，才会真正引起人们的关注。信任作为一个复杂的社会与心理现象，在近现代才成为学术领域的研究热点，尤其是20世纪中期以来，中西方学者对信任的概念、理论及相关问题展开了广泛的讨论与研究。每个学科都从本学科范畴来定义信任，并逐步从个人层面的信任聚焦至群体信任，信任的研究也因此得到深入和完善。

一、信任研究溯源

当代信任研究最早从20世纪50年代由心理学路径开始，此时信任更多理解为个人的心理事件，关注其在认知和情感方面的特点。心理学家多伊奇（Deutsch）通过"囚徒困境"实验，提出了信任就是个体预期该事件会发生，并通过该预期作出相应的行为反应。他关于人际信任的实验开创了心理学研究人际信任之先河，在此之后，信任的定义基本围绕多伊奇的定义展开。

社会学家霍斯莫尔（Hosmer）认为信任是个体在不确定的时间和发生情境下，对于事件结果是获益还是受损的一种选择。心理学家罗特（Rotter）认为，人际信任是在人际交往中建立的，包括交往双方对彼此言语承诺可靠性的一种概括性期望,这种承诺可以是口头的,也可以是书面的。基于这一定义,罗特编写了一套人际信任量表,用该量表测量个体对他人言语承诺可靠性的期望。赖特曼(Wrightman)认为人际信任是个体所具有的构成对他人特质感知的信念,认为一般个体都是善良、具有诚意且信赖他人的。萨贝尔(Sabel)将信任界定为在交往过程中交往双方同时具备的,对于彼此都不会利用对方弱点对付对方的信心。麦克奈特(Mcknight)认为信任的含义是在人际交往过程中的一种心理状态,它是一个人会通过另一个人的行为表现而产生一种积极的期望,并且甘愿接受负面的意图。戴尔(Dyer)和朱(Chu)则认为信任是一方对另一方可以信任感知的信任度,是对另一方的诚意、能力以及善意的可觉察程度的把握。塞利托(Sellitto)和佩列格里诺(di Pellegrino)则认为信任是在事件不确定情境下,个体甘愿将自己的资源交给对方处置并自己承担可能产生的相关风险的意愿。

  心理学的信任研究是现代信任研究的逻辑起点[①]。信任的早期定义局限于个体层面,主要关注人际互动中的信任。综合来看,这一时期的学者在对信任进行定义时大致可以归纳为三种情况:第一种情况,根据个人对外界刺激情景作出的反应来界定,此时信任是个体或群体对另外个体或群体在不确定情景中对他人的行为结果作出积极或可靠的预期。第二种情况,从个体的特质的信念来界定,认为信任是个体对他人所持有的善意、诚实等个人特质的一种信心,双方都相信彼此不会利用自己的弱点来攻击对方。第三种情况,从行为表现来界定,个人或群体双方有信任且会产生合作行为,但合作行为不等同于信任,团体成员的身份、资格和熟悉度都会对信任产生影响。

  20世纪六七十年代,作为社会问题、经济问题和文化问题的"信任"引发了人们的关注和思考,形成了信任研究的社会学路径。在社会学领域,对信任的视角突破了个体的聚焦,将信任看作一种社会关系或者社会行

---

① 岳瑨,田海平.信任研究的学术理路——对信任研究的若干路径的考查[J].南京社会科学,2004(6).

动,更多地关注的是一种系统信任,考虑信任在更宏观社会背景下的作用。除了对信任的定义存在一定分歧外,大多数社会学的研究聚焦在类别、功能和发生机制三个方面。

社会学家聚焦信任的类别划分。例如,韦伯(Weber)将信任分为一般信任和特殊信任,前者以血缘性社会为基础,后者则以价值共同体为基础。卢曼(Luhmann)与吉登斯(Giddens)都认为信任划分为传统社会的信任和现代社会的信任,其中卢曼认为信任包括人格信任与系统信任,吉登斯将信任分为对人的信任和对物的信任,并进一步指出对物的信任指的是对抽象系统的信任。还有夏皮罗(Shapiro)的"非私人信任"、厄尔(Earle)和切夫科维奇(Cvetkovich)的"社会信任",他们都将信任从个体与社会两个层面进行区分。

社会学家关注信任的功能。例如,卢曼在《信任与权力》一书中提出,信任是一种简化,有助于协调和促进社会互动的顺畅进行。巴伯(Barber)认为,信任的功能体现在社会控制和维护社会秩序上。吉登斯则将信任看作是在风险社会中的一种本体性安全,可以消除焦虑。这种信任尤其是对抽象系统的信任,依靠模糊的和局部的认识。他进一步指出,信任不仅仅是归纳,还具有信仰的品质。

社会学家对信任的产生机制也有一些探索。例如,涂尔干(Durkheim)认为信任来自血缘和家庭关系。帕森斯(Parsons)则认为信任是约定而产生的。巴伯认为,人类交往中因以往的经验而产生信任这种预期。祖克尔(Zucker)认为,来自交往的经验、社会模仿的义务和合作规则、客观规则和规范这三个方面会产生个体层面、社会文化层面和制度层面的三种信任。福山(Fukuyama)则强调文化对信任产生的作用,具体包括宗教、伦理、习俗等文化资源。

综观这些社会学家的研究,他们大多从社会学的视角出发,把信任看作是社会关系的一个重要维度,认为信任是社会制度和文化规范的产物,是建立在法规制度或伦理基础上的一种社会现象;信任无法脱离社会和文化而独立存在,信任是一个"不可还原的多维的社会实体"。

信任也是经济学家关注的话题,经济学家更多从理性选择来看待信任,认为信任是为了减少交易成本、追求利益最大化的理性选择。他们将博弈论引入到对信任的研究中,更多将信任视为一种认知上的理性选择。阿罗(Arrow)曾提出,信任是一种"润滑剂",可使经济交换过程更加顺畅。哈丁(Hardin)认为个体通过已知的信息,除了可以判断对方是否值得信任,还可以判断对方有没有履行信任行为的动机。科尔曼(Coleman)认为,信任是社会资本的一种形式,可以减少监督与惩罚的成本。达斯古普塔(Dasgupta)则强调信任是在反复博弈当中建立起来的。经济学家凯恩斯(Keynes)认为,信任和信心将期待状态同行动与实践的未来指向联系在一起,从而产生了在心理机制的作用下从现代到未来的"逆向反射"(reverse projection)。

在哲学领域,信任更多被定义为一种价值关系,表现为人们对彼此的信任和托付,人对人相信而敢于托付。信任也是主体间的关系,信任是社会关系中的价值主体对自己的活动和社会现实的基本依赖关系,具体体现为信任者对被信任者的认可态度,一种对信任双方都能获益的价值关系。信任也被看作人社会生活、交往经验的积淀和升华,信任需要历史作为可靠的背景。没有这种必不可少的基础,没有先前的经验,人们就不可能付出信任[①]。一个人对其他群体、对社会的信任态度只能依靠过去的社会生活与交往的经验,这种经验给予人们最直接、最明确的可靠性,这是一个由具体到抽象再到一般普遍信念的思维过程,有了信任的态度才会建立信任的关系。

信任来自对具体的归纳与超越,是一个具体到普遍化的过程,所以信任不仅仅是对过去的推断,它超越了所收集的信任,冒险去界定未来。因此,信任也被看作一种对某种不确定性东西的确定。在信任的过程中,人们需要冒险去界定未来,超越对过去的推断,呈现出一个具体到普遍化的过程。信任的建立需要信任者对被信任者的认可态度,同时被信任者也

---

① [德]尼克拉斯·卢曼.信任:一个社会复杂性的简化机制[M].瞿铁鹏等,译.上海:上海人民出版社,2005:3.

需要表现出自己的能力和诚信,从而才能建立起一种稳定的信任关系。

在信任的研究中,心理学家一直在拓展深入。20世纪50年代,伴随欧洲一体化进程,社会心理学理论——社会认同理论和群际关系理论逐渐兴起,信任研究逐渐成为显学。在心理学等相关领域,关注点由人际信任转向群体信任,信任被认为不仅仅发生在两个个体之间(人际信任),也发生在群体之间(群体信任)。社会认同理论作为欧洲社会心理学的成就之一,认为每个人归属不同群体,个体对自己归属的群体(内群体)因为自尊提升的需要存在积极评价和情感偏好,对内群体之外的群体(外群体)存在偏见与贬损。个体对外群体及其成员的态度相对消极,存在不信任。

群际关系理论认为群际关系通常充满了冲突与对抗,关注不同群体或群体中的个人开展象征性与实质性群际互动所出现的情感和行为。对北爱尔兰新教徒和天主教徒的研究[1],以及对以色列和巴勒斯坦的研究都发现[2],群际交往通过信任这个中介会影响群体间关系,群体信任能够促进双方相互妥协,达成互惠互利的协定。也就是说,群体信任在群体冲突的消除与和解中都扮演着重要的角色。

坎贝尔(Campbell)提出群际关系本身具有竞争性,外群体不可信任,而内群体利益是必须要保护的。这一概念适用于解释所有内群体与外群体对峙的情况。现实经验也表明,人们认为内群体是值得信任的、合作的、平和的、诚实的,而外群体是不值得信任的、竞争的、好辩的、不诚实的。为此,研究者将目光转移到群际关系上,群体信任的概念也就被引入到群际关系的研究中,成为信任研究的又一重要方向。随后,国外大量的研究对群际接触的对象、类型、条件及其对减少偏见、促进信任的作用等展开了进一步的探讨。

---

[1] Tam T, Hewstone M, Kenworthy J, Cairns E. Intergroup trust in Northern Ireland [J]. *Personal and Social Psychology Bulletin*, Vol. 35, 2009.

[2] Maoz I, Ellis D G. Intergroup communication as a predictor of Jewish-Israeli agreement with integrative solutions to the Israeli Palestinian conflict: The mediating effects of out-group trust and guilt[J]. *Journal of communication*, VoL. 58, 2008.

相对于国外的信任研究,国内的研究相对滞后且匮乏。在社会学和心理学领域,有一些学者对信任的概念进行了界定。例如,杨中芳等认为人际信任是交往双方认为对方可以被托付的一种保障感。郑也夫将信任视为一种态度,即相信某人的行为或周围的秩序符合自己的愿望[①]。在21世纪初,张建新等提出人际信任是指在双方交往是在合作还是竞争这种不确定的条件下,个体预测对方是合作的心理预期。然而,关于信任是否为人际信任、社会信任或群体信任等方面的区分并没有得到很好的阐述。

目前,国内的群体信任研究大多还停留在概念的探讨和界定阶段。以辛自强为代表的学者在群体信任方面开展了一些理论研讨和概念界定,而关于群体信任的研究多以辛自强的相关研究为基础。近年来,越来越多的研究者关注群际意识、群体认同、社会威胁和共同点聚焦、群际接触等因素对群体信任的影响。

另外,随着中国社会的转型发展,不少学者将研究重点聚焦于中国的信任状况。一些西方的学者,如韦伯和福山,都认为中国处于一个熟人社会,普遍缺少信任。这个结论也激发了中国学者进一步研究信任问题的热情。彭泗清通过实证研究,证明通过关系运作和法制建设可补充对非熟人(外人)的信任。杨宜音则认为通过"拟亲化"(结拜、认干儿子)可有效扩大"自己人"的圈子。然而,以上研究更多局限于对中国信任文化的探索。

信任在群体水平上,强调不同群体成员对内外群体成员的信任。此时,群体的性质也会影响群体信任。比如,民族之间的信任,也可以称为族际信任,不仅具有群体信任的一般特点,而且带有民族群体自身属性带来的特殊性。

国内一些学者已开展了针对民族间信任的研究。唐贤秋认为,民族信任是指民族交往交流中表现出相互理解、尊重和彼此信赖的一种心理特点与行为关系状况。这是一个涵盖了从个体到群体再到群体集合的多

---

① 郑也夫.信任论[M].北京:中信出版社,2015:14.

层次的概念,反映了民族成员个体、民族族群、由族群组成的民族共同体以及由不同民族组成的国家等不同层面之间的关系状况,包括同一民族内不同成员之间的人际信任、同一民族内不同族群之间的群体信任(或群体信任)、同一国家内不同民族共同体之间的信任以及不同民族国家之间的信任等。袁民臣认为,族际信任是指在多民族国家(地区)内,局部的(或者大范围的)两个或两个以上的不同民族之间的心理互动关系,正常状态下表现为民族间(或族员间)对彼此没有怀疑、猜忌,彼此真诚合作、和谐相处的群际关系。族际信任是指在多民族国家(地区)内各民族在群际互动中对其他民族行为或意向做积极预期并愿意承受风险的一种民族心理状态。也有学者认为族际信任是一种特殊的群体信任,将其界定为某一民族成员在想象的或者真实的互动情境中,在无法获知外民族成员的个体特征和信息的情况下,仅仅依靠外民族成员的民族身份,对其作出积极或消极的行为或者意向预期。

此外,部分学者在民族学范畴内对群体信任在民族关系、民族团结和凝聚力、民族冲突、国家认同等方面的作用与功能进行了一定阐述,强调信任是巩固民族关系与民族和谐的基础。民族学更多借鉴社会学等理论框架来研究信任,突破了对单一个体水平的信任,关注群体信任、社会信任与制度信任等。族际信任(或民族信任)是人际信任、制度信任等的结合体,通过平等性、共同利益、文化交流、良性互动等来实现、增强信任。

目前有关信任的研究较多,大多从各自的学科出发对信任进行定义。在这些定义中,"不确定性""可靠性""积极预期"和"行为倾向"成为定义信任的关键词。

杰芬(Gefen)等对信任研究的相关文献进行了梳理,认为信任通常被定义为一种特殊的信念,用于对另一方的正直、仁慈和能力的积极响应;信任是一种情感,反映了对另一方关爱所反映出的自信和安全感;信任是一种一般信念,意味着一方愿意承担另一方行为所产生的易损性。结合以前的研究,信任可能具有以下特点:它是一种预期,是个体对他人意向和行为选择的一种积极心理期待,表现出主观意识性;它具有风险和不确定性,即积极的心理期待并不代表被信任的对方一定会产生预期的结果;它受到如群体身份、情境等许多因素的影响,不是完全理性的行为,不能完全依赖理性选择来判断信任;它能够激发个人产生积极行为的意愿,但不一定导致积极的行为出现。

基于以往的研究成果,信任可被理解为一种预期和心理期待,具有动态性、持续性和渐进性。这意味着信任会随着时间的推移而逐渐演变。莱维茨基(Lewicki)等认为,信任最初从零开始,在个体与他人一起工作和互相了解的过程中,信任逐步发展。梅尔(Mayer)等的研究表明,只要信任的各方继续以可信的方式行事,如展示能力、正直、仁慈等,信任便会随着时间的推移而增加,并在互相理解、喜欢和认同的基础上发展为稳固的关系。信任的时间演变特性强调了对他人可信性知觉的学习过程,通过反复的社会互动,不断更新对他人的可信性关系。

二、信任的类型

信任有丰富的内涵,不同学者根据研究需要对信任进行了区分,关于信任的分类大多都集中在社会学、心理学领域进行讨论。如表1中所示,学者聚焦信任指向对象、来源和发生机制进行分类,这也展示了信任具有丰富和多元的内涵,信任不仅指向个体、群体,还可以指向更宽泛的社会规范、制度等。

表 1 信任的类型

标准	代表性学者	类别	特点
信任发生的场域	卢曼和吉登斯	人际信任	与被信任的个性相关,以人际情感为基础,出现在以血缘和地缘为基础的传统社会中
		系统信任	与系统的运转相关,属于扩散的总体信任,包括对货币、专家权威及政治权力等的信任

续 表

标准	代表性学者	类别	特点
信任的来源	德海（Delhey）和威尔兹尔（Welzel）	内群信任	在群体内部成员之间产生
		外群信任	内群体成员对外群体成员产生
信任主体的心理	尤斯拉纳（Uslaner）	策略信任	对熟悉人的信任，根据对其风险、收益的评估来判断
		道德主义信任	对陌生人的信任，信任主体具有乐观主义且不加判断
	什托姆普卡（Sztompak）	工具信任	信任主体期望他人表现出规律性的、合理性的及有效率的行动
		价值信任	信任主体期望他人的行为符合道德规范，如负责任、诚实、公平公正等
		信用信任	信任主体期望他人相对不在乎个人利益，呈现无私、仁爱
信任产生的机制	祖克尔	基于特征的信任	根据对对方的过往和信誉的了解的程度来判断
		基于过程的信任	根据自己与他人的相似程度来判断
		基于制度的信任	根据制度与规范来判断
	列维斯（Lewis）和维加尔特（Weigert）	认知型信任	个体基于掌握的信任，用理性来判断对方是否可靠
		情感型信任	用感情层面的关心、照顾来判断对方是否可靠
信任的特征	韦伯、郑也夫等	普遍信任	建立在信仰基础上，出现在现代社会
		特殊信任	建立在血缘等基础上，出现在传统社会

三、信任的理论梳理

国内外对信任的研究主要有四种理论取向,其中社会心理学是目前最系统、最丰富的理论取向之一。

(一)马克思主义

马克思主义的基本原理强调社会意识是社会生活的精神方面,是社会存在的反映,是社会人的一切意识要素和观念形态,包括一切政治、法律思想和一切道德、宗教、艺术、哲学和科学的多种意识形态。社会意识根据其主体可分为个体意识、群体意识。社会存在决定社会意识,社会意识是对社会存在的反映,社会意识反作用于社会存在,社会意识具有能动作用。正确而充分发挥社会意识的能动作用,有赖于社会文化建设特别是先进文化的建设。马克思主义认为社会意识形态属于虚假意识,有时候人们持有与自身或群体利益相反的错误信念。

马克思主义在研究群体关系时,更多强调群体间内在的竞争与冲突关系的本质是由于权力与地位的差别导致的,讨论最多的是社会阶级的冲突,或者说是阶级的斗争。在马克思主义看来,群体信任是建立在阶级斗争基础上的,它是阶级斗争的产物,也是阶级斗争的反映。马克思曾指出自己的新贡献是证明了下列几点:一是阶级的存在仅仅同生产发展的一定历史阶段相联系;二是阶级斗争必然要导致无产阶级专政;三是这个专政不过是达到消灭一切阶级和进入无阶级社会的过渡。[①] 因此,马克思主义在强调群体关系时,更多采用阶级社会范畴来定义群体之间的关系,强调阶级冲突是社会失衡的结果,也是社会发展的动力,同时蕴含着实现和谐的方法与途径。也就是说,更多强调不同阶级之间的对立冲突与不信任,并没有较多关注不同阶级之间可能存在的合作信任的部分。

---

① 马克思,恩格斯. 马克思恩格斯选集(第 4 卷)[M]. 北京:人民出版社,1972:332 - 333.

马克思主义对群体信任的理论和观点,是马克思主义社会学的重要组成部分。群体信任的形成和发展需要依靠社会主义制度的建立和发展。只有在社会主义制度下,人们才能够真正地实现自由、平等、公正和互助,才能够真正地建立起一种相互信任的关系。同时,在社会主义制度下,人们也能够更好地发挥自己的创造力和积极性,从而推动社会的进步和发展。信任来自社会交往活动,是价值事实与价值判断的统一,可以看作是主体间的一种道德关系,信任关系可以满足主客体的需求。

(二) 人际信任论

心理学家埃里克森认为,婴儿期与母亲之间初始信任感的建立会极大地影响个体信任的产生发展。埃里克森指出,如果婴儿的需要得到充分的满足,就会产生信任,从而形成世界是安全的感觉。相反,如果婴儿的照料不充分或者感到被拒绝,则会形成一种基本的不信任。此外,信任感或不信任感一旦形成,便难以改变。只有丰富了大量体验后,才可能产生改变。埃里克森虽然只是将信任关系纳入其人格结构的体系中,但对后来的人际信任研究具有启发作用。母亲与子女之间建立的一种特殊人际信任,从熟悉度和亲密度上看是最深厚的,而个体初始信任感的产生则建立在熟悉和血缘的基础之上,这为后来者研究人际信任的起源提供了启示。当代心理学主要在人格心理学和认知心理学领域对人际信任进行研究。人格心理学从人格特质的角度探讨个体的人际信任倾向以及哪些人格特质值得信任,并就这两个方面开展人际信任的研究。一方面是关注哪些人格特质会创造出信任的心理状态。例如,外控性格、乐观的人以及有安全感的人倾向于相信别人;个人态度也会影响一个人的信任倾向,例如,生活满意度高的人或对社会忠诚感高的人倾向于相信一般人。另一方面的研究则关注什么样的人格特质会被人信任,即对可信度(trustworthiness)的研究。巴特勒(Butler)和康垂尔(Cantrell)认为,合作伙伴的可信度主要包括以下几种特质:能力、诚实、忠诚以及开放。米雪尔(Mishra)认为,一个人相信另一个人,是因为对方展现了能力、诚实、互惠以及一致性这四种特质。

心理学主要从微观层面探讨人际信任的问题,将人际信任理解为个体在特定社会环境中产生的心理反应,形成的心理特质,或者将其纳入个体信息认知的框架中。这种视角较少对于人际信任产生的社会文化背景的考虑,而更多关注行动者的个体特质和行为选择。虽然社会文化背景对人际信任的形成有重要影响,但个体的信任倾向和信任行为也受到多种因素的影响,包括个体的人格特质、经验、情感反应和社会环境等。然而,从微观层面考察人际信任的研究仍然是心理学领域的重要研究方向,有助于深入理解个体在社会互动中的信任心理机制。

(三)社会认同理论

社会认同理论立足群体身份对个人行为的影响,阐述个体对内外群体的区别对待和情感反应。尤其在当前多元文化的背景下,个体归属于不同社会群体、文化群体和组织群体,社会认同理论对这些群体中的信任均能给出对应的解释。

1. 身份认同

正如前节所论述的社会认同理论,人们往往根据自己对某一个社会群体的归属,将群体划分为内群体和外群体。群体成员将自己所属的群体称为内群体,而将其他的群体称为外群体。因为分类的不同,个体被划分到不同的社会属性类别中,容易对内群体成员产生偏好,对外群体产生偏见。内群体成员共享同一种社会群体身份,而外群体则拥有不同的社会群体身份。因为社会群体身份的差异,引发了个体对内外群体及其成员在评价和情感上的差异。

群体信任的研究发现,个体更倾向于对内群体成员产生合作的信念,对外群体成员则并不信任。从社会认同的角度来说,对群体信任有重要影响的因素主要是社会群体身份及其表征。个体的社会身份信息是产生群体信任与否的重要线索,社会群体身份是引发群体信任的唯一原因。

简而言之,就是对内群体的认同导致了对内群体成员的信任和对外群体成员的不信任。

2. 社会分类

社会分类是社会认同理论的另外一个重要内容。根据社会分类理论,个体分属不同的类别。但是实际上,在多元文化社会中,个体同时具有多种社会类别属性。在同一情景中,个体也可能带有不同的身份标签,当某种情景中有多种社会类别标签凸显时,个体只能在某一种类别标签上属于同一种人,在其他类别标签上不属于同一种人,这种现象叫作跨类别化。而跨类别化的效应之一是可能会稀释内群体与外群体之间的差异,消除类别强化作用,这种情况下,内外群体差异会降低甚至消除。另外,当多类别标签的差异叠加时,不同个体可能在其中某个类别标签上属于同类,在另外一个标签上不属于同类,这时双方的差异便体现为群体内差异。当不同的个体因为其叠加的类别标签都同属于某一个内群体时,信任就会产生并增加。

基于类别区分模型和社会认同理论的逻辑基础,盖特纳(Gaertner)等提出了共同内群体认同模型(Common Ingroup Identity Model,CIIM)。共同内群体模型的核心是强调通过模糊群际分类界限,建立上位身份来减少偏见。其基本观点是:当个体将原来的两个分离群体的认知表征改变为一个包摄水平(inclusion level)更高的上位群体时(例如,由"藏族人"与"汉族人"这样的认知表征改变为"中华民族一员"的认知表征),原来内群体的积极评价和外群体的消极评价就会在更抽象而不是更具体的水平上被理解加工,从而减少群际偏见。这种方法可促使上位群体分类形成并代替原先的"内群体-外群体"分类,改变原初分类的显著性基础,使得原来的内群体更加丰富,外延更广。克里斯普(Crisp)等实证研究发现,改变原有的对目标对象的二分分类法,即避免形成排斥性身份认同时,对目标对象的重新分类且增加社会分类的复杂性是偏见减少的有效方法。

盖特纳和多维迪奥(Dovidio)通过进一步的研究发现,当某种类别对于该群体非常重要时,这种"再分类"并不一定能导致偏见减少,它反而会使得群体因为身份的削弱而感知到威胁。因此,他们在共同内群体认同模型(CIIM)的基础上提出了双重认同模型(Dual Identity Model,DIM)[1]。

DIM认为,以共同内群体认同模型为基础的再分类,不仅可以再分类为单一群体的表征,也可以再分类为上位群体和亚群体这种双重身份形式的认知表征,这种再分类形式就是"不同群体在同一小组中一起工作"的认知表征。如果人们仍然认为他们是不同群体的成员,同时又是相同的上位群体中的一员,相比那些仅认为他们是"独立群体"而言的成员来讲,其群际态度更积极。例如,达赫格鲁斯(Dach-Gruschow)和洪(Hong)以卡特里娜灾难导致的美国社会的局部对立事件为例,证明了对于支配性群体来说,双重身份(并非仅仅建立上位身份)的建立的确可以减少群体偏见。

然而,社会认同对群体和个体的效应有积极的也有消极的。一方面,社会认同可以提高个体的自身自尊、集体自尊和积极情绪,激发爱国主义情怀,促进个体对内群体成员的亲社会行为,还可以在群体地位受到威胁时对内群体进行维护。另一方面,社会认同同时也可能形成极端的民族主义或认同冲突。总的说来,社会认同理论作为一种社会心理学理论,为研究群际态度和行为的提供了一种重要的理论支撑和研究思路。

3. 社会比较理论

个体一旦完成社会分类,就会触发社会比较。社会比较理论由费斯廷格于1954年提出,他认为,人们有与他人比较他们的意见与能力的需要,通过社会比较来确保自己关于自己、他人及世界的感知是正确的。根据比较者与比较对象社会经济地位的差距,与比自己社会经济地位高的人进行的比较,称为上行比较;与比自己社会经济地位低的人进行的比

---

[1] Gaetner S L, Dovidio J F. *Reducing Intergroup Bias: The Common Ingroup Identity Model*[M]. Philadelphia: Psychology Press, 2000.

较,称为下行比较。上行比较产生劣势感,下行比较产生优越感。按照比较者对其比较对象关注的角度不同,社会比较可以分为个体比较和群际比较。

在群际比较时,内群体成员通过比较外群体成员的特点及福利,获得内群体的优势与劣势,从而评价自己是否属于这个群体。这种社会比较具有很强的评价性和高压力性,会强调群际差异,个体为了获得自我评价,会以内群体表现好的方面来区分内外群体,这不仅强化了个体对内群体的社会认同,也提升了个体的自尊与价值感。此外,消极的社会比较会引发不公平感,比如将城乡的经济发展差距归因于社会的不公,这将弱化城乡居民间的信任。

(四) 群际关系理论

在群体之间的合作与纷争加大的时代,群际关系逐渐成为一个重要的研究热点。群际关系的研究是以内外群体差异显著为前提(假设)的,主要包括以下三个重要的理论:群际接触理论、制度正当化理论和群际偏差理论。

1. 群际接触理论

群际接触理论(Intergroup Contact Theory)形成于第二次世界大战之后的美国,是西方社会心理学为解决群际冲突问题而发展出来的理论。该理论关注不同群体之间的接触交往对群际关系的影响,是改善群际关系最重要最有效的理论,也称为接触假说(contact hypothesis)。

美国社会心理学家奥尔波特(Allport)为该理论的集大成者,该理论认为,群体间的误解与不信任源于缺少接触。两个群体成员的接触在一定程度上可以改善群际关系。在他看来,群际接触可以促进群际关系,但需要一些最佳接触条件[①]:

第一,平等的地位。在群际接触中,接触的群体双方都希望能够拥有

---

① 李森森,龙长权,陈庆飞等. 群际接触理论——一种改善群际关系的理论[J]. 心理科学进展,2010(5).

平等的地位。在平等的氛围下与外群体进行的接触会更有成效。同时，接触也有助于平等地位的形成，两者互相促进。

第二，共同的目标。通过接触来减少偏见，需要接触的群体双方共同努力，且态度积极、目标明确，共同目标的实现也会强化群际接触和合作。

第三，群际合作。共同目标的作用只在群体间存在合作关系而非竞争关系时才发生作用。

第四，权威、法律的支持。群体双方更容易接受得到权威、法律支持的群际接触，这样的接触也更有成效。

在群际接触理论中，心理学家谢里夫（Sherif）通过罗伯斯山洞实验研究证明了群际接触假说。后续有很多的接触理论实验，大多数需要长时间的交流甚至是更多的共同互动。史密斯（Smith）设计了一个实验项目，让哥伦比亚大学的学生与纽约社区的领袖在周末进行一系列的社交接触和智力活动，结果发现，相对于控制组中未进行跨群体接触的大学生而言，实验组的大学生对社区人员的态度有了显著的改善。

奥尔波特的原假设没有提及群际接触改变态度和行为的过程。其后的研究者提出，群际接触促使态度改变有四个相关的中介变化过程：认识外群体、改变行为、产生情感联系和内群体再评价。认识外群体是指，当通过接触外群体，新的学习经验会纠正了对于外群体的消极观点时，此时的接触便能减少偏见；最佳群际接触是改变行为的一种有效形式。根据认知失调理论，改变行为后，态度也极有可能发生改变。在群际接触中，情感至关重要。首先，持续良好的接触通常会降低群际焦虑。其次，最佳接触唤起的积极情绪也能调节群际接触效果，移情起着重要作用，如一个人对受到指责的一个外群体成员产生同感，便能改善他对整个外群体的态度。再次，由群际友谊唤起的积极情感也很重要。奥林纳（Oliner）发现，在第二次世界大战中许多非犹太人冒着生命危险挽救犹太人的生命，而这些非犹太人小时候与外群体有更多的亲密友谊。

后来,学者们开始探究群际接触理论的效果泛化问题。群际接触的效果泛化一般被区分为三个递进的层次:从特定情境中泛化到其他情境;从个体泛化到所属群体;从接触群体泛化到其他群体[①]。

在群际接触理论的深入研究之中,除了群际接触效果的泛化之外,群际接触方式的拓展也具有重要的意义。由于心理学的学科特点,经典的群际接触理论主要关注面对面的直接接触对于群际关系的影响问题。但在现实场景中,因时空限制,直接的群际接触很多时候难以实现,且这种直接的群际接触有时候还会带来很多负面效果(如焦虑感),而正处于激烈冲突之中的群体之间也不适合进行面对面的接触。因此,群际接触理论饱受实用性问题的批评。

随着研究的不断深入,群际接触理论开始向间接接触(indirect contact)延伸拓展。学者们通过实验研究发现,面对面的接触并非是改善群际关系的必要条件,直接接触与间接接触在降低外群体偏见的作用上没有显著的差异;基于对间接接触的专门研究,目前大致提出和形成了四种间接群际接触假设。

第一种是扩展接触假设。莱特(Wright)等提出,仅仅知道内群体成员中有人与外群体成员是朋友关系,也会促使这个群体形成更加积极的外群体态度。一些实证研究证明了这种效果,例如陶斯(Tausch)等调查了北爱尔兰地区的天主教徒和新教徒,认为扩展性接触对于改善群际关系起到了显著作用。

第二种是想象接触假设。即使是想象着与外群体成员进行接触交往,也可以降低群体偏见并产生积极的群际态度。克里斯普和特纳指出,在心理上模拟与外群体成员进行积极的社会互动,可随之形成对外群体的积极情感,并进一步产生对外群体的积极观念以及提升与外群体交往的动机。

第三种是替代接触假设。替代接触假设指出,观察内群体成员与外

---

① 郝亚明.西方群际接触理论研究及启示[J].民族研究,2015(3).

群体成员之间成功的群际接触经历,能够改善观察者的群际态度并且提高他们与外群体进行直接群际接触的意愿。

第四种是模拟接触假设。模拟接触假设强调大众媒介可以产生类似真实面对面接触的效果。夏帕(Schiappqa)等提出了这一假设并设计了一系列实验,证明通过大众媒介的模拟接触过程的确能够减少人们对外群体的偏见,改变人们对特定群体特性的刻板认识。除传统大众媒体外,网络社会中的模拟接触假设将有更大的应用空间。

由此可见,群际接触可以减少群际冲突、增进群际关系,其作用机制主要在三个方面:增进了解、缓解焦虑、产生共情[①]。在群际接触理论的指导下,国内有一些关于不同民族大学生之间群际接触的研究,群际接触通过内群体认同这个中介变量对外群体信任产生影响。因而,群际接触可以看作是一种增强群体信任的方法。一般而言,根据群际接触理论的三种常见的接触形式,针对不同群体的个体之间,一般建议先进行想象性接触,后进行拓展性接触,最后进行面对面接触。在我国,群际接触理论的相关实证研究不太多,该理论在本研究中的运用应考虑适用性与本土化的问题。

2. 群际偏差理论

美国社会心理学家塞奇威克(Sedgwick)提出群际偏差理论,指的是某一群体及其成员会由于没有获得充足的信息而产生对另一群体及其成员在行为、态度、认知等方面进行主观的、不合实际情况的评价倾向。群际偏差理论指出,人们在群体中往往倾向于更高度评价自己所属的群体,而对外群体则持有更为负面的评价。这种偏差表现在个体的行为、情绪和认知等多个层面。群际偏差包括内群体偏好、外群体贬损和外群体偏好。群体独特性较高或较低时都可引发群际偏差。当两个群体比较时,内群体成员感知到的群际差异就是群体的独特性,而感知的彼此相似程

---

① Blascovich J, Mendes, W B, Hunter, S B, et al. Perceiver threat in social interactions with stigmatized others[J]. *Journal of Personality and Social Psychology*, Vol. 80, 2001.

度就是群际相似性。①

一方面,相对于外群体,人们对内群体的成员评价更为积极,而对外群体及其成员的评价更为消极,学者们对于内群体偏好与外群体贬损是否为单独的因素(即两者是否排他独立)有着不一致的结论。

另外一方面,外群体偏好也出现在优势群体对弱势群体的偏爱上,这种偏爱大多来自外界的规范和压力的服从,而不是内心真实的感受。因此,基于群际偏差,对于内群体信任与对外群体不信任是否为两个独立的维度,值得进一步深入探究。

3. 制度正当化理论

制度正当化理论是由约斯特(Jost)和巴纳吉(Banaji)于1994年提出的,旨在研究刻板印象正当化功能。该理论基于一个基本假设:一个公正、正义的社会是人们的基本需求。因此,当人们发现社会不公并且对此无能为力时,内心会产生失调。为了减轻失调带来的不适感,人们会通过改变自己的观点,即认为社会没那么不公,来调整自己的认知。在弱势群体中,这种失调感更加明显,因此弱势群体反而会认为这个社会更加公平正义。从弱势群体的角度出发,弱势群体的成员不仅表现出对内群体的偏好,对外群体也表现出同样的偏爱。

弱势群体对外群体的偏好是因为处于低地位群体的成员通过制度正当化的过程中将内群体的消极印象内化了。与优势群体相比,弱势群体缺乏动机和胜任能力,因此对优势群体的优点进行了合理化,从而产生了外群体偏好。然而,对于低地位群体成员是否真正对优势群体存在内心认同,或者只是出于权威认同的自我保护和权宜之计,目前尚有不同的结论。一些内隐的研究发现,低地位群体的外群体偏好是内化的,而不仅仅是在压力下的自我保护。

制度正当化理论是社会认同理论的发展与补充,尤其探讨了弱势群

---

① Jetten J, Spears R, Manstead A. Similarity as a source of differentiation: The role of group identification[J]. *European Journal of Social Psychology*, Vol. 31, No. 6, 2001.

体如何对优势群体的服从和迎合。该理论认为，人们不仅仅是个体，还是社会群体的一部分，因此社会认同和群体行为对个体和整个社会的发展都具有重要意义。

四、信任的研究范式与测量

（一）博弈范式

信任的概念是从"囚徒困境"的实验中发展而来的，博弈范式一直是研究群体信任的常用方法。采用囚徒困境博弈，因斯科（Insko）和他的同事们通过一系列的研究，发现群体信任低于人际信任，与人际互动相比，在群际互动中群体更倾向于竞争的现象称为人际-群体非连续性效应。按照该非连续性效应的假设，无论是信任水平还是可信赖度，群体信任都应该低于个体信任。

博弈范式具体包括投资博弈、礼物交换博弈和最后通牒博弈。投资博弈是目前信任研究中应用最多的经典博弈范式。在投资博弈中，信任水平作为信任者对被信任者的信任意愿，在操作层面上通过信任者的投资额进行测量；可信赖度作为被信任者对信任者信任行为的回报，在操作层面上通过被信任者的返还额与其收益之间的比率进行测量。关于人际-群体信任差异的测量也大多是基于上述范式进行的。

科克（Coke）和萨特（Sartre）的研究则采用了礼物交换博弈。在礼物交换博弈中，博弈双方分别是雇主和雇员。雇主担任信任者，雇员担任被信任者。信任水平通过雇主提供的工资 w 进行测量，w 的数额越大表明雇主对雇员的信任水平越高，可信赖度通过雇员付出的努力 f 进行测量，f 值越大表明雇员对雇主的可信赖度越高。当群体内的交流处于匿名情境时，与个体相比较，群体信任低于人际信任；然而，当群体内交流处于面对面情境时，群体信任却高于人际信任。

第三种范式为最后通牒博弈，被试双方（提议者和回应者）的任务是对一笔金钱进行分配。提议者得到一部分金钱 X,然后提议者提出一个瓜分金钱的方案,将其中的一部分金钱 Y 分配给回应者,最后由回应者决定是否接受分配方案。在整个实验过程中,如果回应者接受提议者的分配方案,那么双方的收益按照分配方案支付;如果回应者拒绝接受提议者的分配方案,那么双方都得不到任何收益。由提议者担任信任者,回应者担任被信任者。信任水平通过提议者要求得到的金额进行测量,提议者要求得到的金钱越多,表明提议者对回应者越不信任;可信赖度通过回应者是否拒绝提议者的提议进行测量,回应者的拒绝表明其对提议者的可信赖度低。在博弈情境下,群体信任差异的测量主要通过对比个体和群体的提出金额来实现。以往大多数研究结果表明,群体信任显著低于个体信任,但也有少数研究发现了不同的结果。

(二)最简群体范式

最简群体范式(Minimal Group Paradigm,MGP)是最有影响力的社会分类范式之一,由社会心理学家泰弗尔提出,用最简单的操作来社会分类,分类任务的实质是对于自变量的操作,即通过操作形成具有社会心理意义的内群体与外群体。最简群体范式关于分类的操作包括六种方式:经典任务程序、随机分配程序、想象程序、记忆程序、自我卷入程序、计算机模拟最简群体互动模式[①]。

最简群体范式基于一些微小的差异性特征通过设计新的社会分类(组)来产生纯粹的分类情境,即在没有现实资源冲突的情形下来考察群际关系。

与真实自然的社会分类相比,最简群体范式生成群体的操作有如下特点:一是新的社会分类(群体)是随机生成的;二是完全匿名,人们与新的内外群体成员之间没有面对面的互动;三是经典的分类操作程序不涉及被试的自我利益,形成的内外群体之间不存在竞争、接触期待和互惠动

---

① 温芳芳,佐斌.最简群体范式的操作、心理机制及新应用[J].心理科学,2018(3).

机等;四是越来越重视被试任务与行为反应的真实性,如采用具体真实的奖励等。

最早的人为随机操作可以追溯到的1954年谢里夫及其同事开展的罗伯斯山洞(Robbers Cave)夏令营研究(罗伯斯山洞实验研究)。在该研究中,22名11~12岁的男孩被邀请参加夏令营活动并完全随机地分成两组。当群体一经划分,两组成员就分别在组内形成了社会认同,并且还分别给自己所在的队取了响亮的名字——"老鹰队"和"响尾蛇队",并彼此都声称"我们队比你们队好!"研究进行到中期,这种"对立"甚至演变成了两组之间的"战争"。可见,这一简单的分组已形成了"我们"的群体规范和社会认同。

最简群体范式表现出了强大的生命力,近年来在社会认知加工、社会心理偏好、社会互动行为等领域的研究与应用中不断深化和拓展。作为产生新群体的社会分类操作方法,尽管存在不足,但最简群体范式为群际关系研究提供了比较完善的操作流程、产生效应和心理机制,成为研究群际关系最有影响力的社会分类范式之一。

(三)情景问卷调查

博弈范式更多是在实验室的情景中进行研究与测量的,而现实生活中真实的群体之间的信任更多采用问卷调查的方式来研究与测量。例如,中美之间的信任、冷战期间美苏之间的信任、中欧之间的信任等。在这类真实情境的群体信任研究中,主要采用问卷法对其进行量化。格里斯(Gries)和克劳森(Crowson)在其关于中美之间信任的研究中通过两个题目考察了美国人对中国人和中国政府的信任程度,例如,对"中国人是可信的"和"中国政府是可信的"两项采用七点计分(1表示非常不同意,7表示非常同意)分别进行打分。

自称式量表是目前研究群体信任最常见的测量方式,采用问卷调查方式可以便捷地收集大量的数据,但是不能直接将群体信任的内涵包括在内,否则其测量的效度将受到质疑,同时也存在社会赞许性的问题。

（四）面孔识别加工范式

进化心理学的研究发现，面孔作为人类获得信任的重要来源，其可信度性可以作为判断信任的前提。一般而言，个体会通过对方过去的信息来判断其是否具有可信性。当缺少可靠的信息时，相比于声音，个体主要通过面孔结构的特质来判断其是否可信。面孔结构特征线索可以传递一个人值得信任或不值得信任的信息。比如，相比窄面颊男性，宽面颊男性更容易被认为具有攻击性或更自私。通过面孔来判断是否可信具有一定的进化意义，对个体的生存也更具重要意义。面孔值得信任的程度越高，更容易被相信，他人也更愿意与其接近。

有一些研究者研究面孔识别加工在群体信任中作用，用面孔识别的测量弥补了直接测量群体信任的不足。已有学者用内隐测验的方式对两个不同群体的被试对象之间的信任进行了研究，通过呈现两组面孔的照片和消极、积极的词语，测量被试对象看到的反应，结果发现两个群体的被试对象都有明显的对内群体的信任和对外群体的不信任[①]。侯春娜则通过适应性记忆的实验范式，从面孔可信性判断入手，揭示了群体信任产生的进化证据，人们对内群体信任面孔的识记具有生存加工的优势，面孔的可信性对内外群体有不同的生存加工优势，内群体信任依赖于强烈的情感基础，而外群体信任不需要强烈的情感基础，因此外群体信任不具备情感启发式的机制。

（五）团体辅导与社会剧的探索

团体辅导是一种专业的助人技术，旨在帮助有共同发展课题和相似困扰的人，一般三人以上可以称为团体。

团体辅导是一种高效的心理辅导方法，也是一种有效的教育与促进成长的方法，相比个体服务，团体的效果更好，因为与人们真实的生活情

---

① 温芳芳,佐斌.最简群体范式的操作、心理机制及新应用[J].心理科学,2018(3).

境很贴近,处于生活性的实验环境中,在团体中学习到的态度与行为可以很容易地迁移到现实生活中。团体辅导不仅可以造福个体,也能造福社会与国家。

团体辅导可以分为结构化辅导和非结构化辅导,目前关于团体辅导发展阶段的最经典理论是科瑞(Corey)于1982年提出的团体发展四阶段。他认为一个完整的团体发展会经历初期阶段、转换阶段、工作阶段、结束阶段,每个阶段有明显的特点与任务。

在初期阶段,接纳与认同很重要,领导者通过示范,帮助团体成员明确目标,建立规范,使团体成员清楚领导者的权益与责任。

转换阶段也叫过渡阶段,是团体发展的关键期,领导者主动介入,鼓励团体成员相互认识,创造支持性的气氛,协助团体成员逐步开放,使团体成员处于安全的氛围中。

在工作阶段,团体具有一定的凝聚力,领导者能通过鼓励、示范、对质等技巧协助团体成员解决问题,帮助他们学习和实践新的行为。

最后的阶段是结束阶段,是最具决定性的时期,团体成员总结、整合团体的经验,领导者帮助团体成员将他们在团体中学习到的内容转化到团体以外的日常生活中,改善适应能力,积极健康生活。

团体辅导的这些技术能发挥积极作用,通过增加不同团体成员间的接触、了解与互动,有目的地机构化活动方案及其设计,不仅可以提升团体的凝聚力,增强团体的信任,也可以作为增强群体之间信任的一种实践应用方法。

社会剧(Sociodrama)是由心理剧发展而来的。1911年,莫雷诺(Moreno)构建了社会剧的雏形——心理剧,心理剧是一种基于社会计量与角色理论的应用,其核心是角色扮演,心理剧作为一种强有力的工具,不仅在心理治疗,在教育、商业、宗教、社区活动等领域也已发展为一种广泛的心理技术。而社会剧旨在用在探索某个问题,问题涉及角色或角色间的关系,其主题与一群人均相关。

社会剧创始人莫雷诺曾经将一群不同背景的人聚在一起试图解决彼

此间的差异,比如让医生、护士、行政官员、社区居民等一起讨论医疗伦理的议题。社会剧也可以描述为以团体为中心(group-center)的演剧,而不是以主角为中心(protagonist-center),这样能够更多强调主题,淡化角色关系。目前,社会剧也可以作为一种团体技术,该技术可用来解决一个群体之间的共同议题,过程中不强调团体个别化的需求,而强调团体中角色的互动关系。

社会剧还可以用来解决一些社会性的议题。比如,沃卡斯(Volkas)用"Healing the wounds of history"的社会剧方法来解决对立文化社会群体共同面对的社会交集问题,具体流程为:第一步,让对立文化的人聚集在一起,打破互相间不能交流的禁忌;第二步,通过叙述各自的故事,发现对方的人性所在;第三步,承认己方内部也存在受害者的角色;第四步,引发共情。这个社会剧的方法促进了对立文化社会群体之间的交流,促进了群体信任,实现了改善群际关系的目的。

追溯信任的研究历史,信任一直是学术界重要研究主题。信任本质上是一个心理学的概念,然而群体信任是社会制度与文化规范的产物,受到社会、政治、经济、文化的影响。目前关于这方面的研究相对不多,存在着一些不足。

首先,关于群体信任的界定不明晰,社会学、心理学等都对有相关的定义和界定。目前,学术界大多将群体信任看作一种群际情景下的态度或情感,具体内涵模糊,有待细化。

其次,各类研究都在一定程度上忽略了现实情境。群体信任是在群际情景下出现的,而群际情景存在较大的差异,国内基于群际情景的现实群体信任的研究较少。

最后,研究方法上更多采用实验法,实验过程较难复制或重现,研究结果也很难推广。

关于人际信任的研究比较早也比较成熟,但是群体信任在近十几年来才成为重要方向,群体信任并不能还原为人际信任,目前社会认同理论与群际接触理论为群体信任研究的主要理论方向,但是国内本土化的理论和应用还非常少,亟待开展更具体、更深入的研究。

五、信任建立与培育

现代社会复杂而多元,充满了各种机遇和风险。信任对于我们现代社会尤其重要,可以消除时空的距离,抵御存在焦虑。信任是人际关系中不可或缺的因素,也是社会发展和稳定的基础。通过信任,我们认识世界的过程将变得更为简单和确定。一部分学者将信任作为"问题意识"来研究,围绕着"信任危机"来探索信任的建立与培育。

基于信任是稳定社会关系的基本因素,信任问题被社会学者关注。也就是说,信任是社会秩序的基础之一,缺少信任,社会组织与群体或将无法沟通与交往。吉登斯从社会现象描述了现代性进程中的信任危机,认为以抽象系统为核心的制度信任时刻处于脆弱的境地,专家系统内部不一致性是现代信任危机的主要方面。贝克(Beck)用其倡导的"风险社会"来阐释社会中的危机,认为当前社会中的危机是社会现代化进程的必然后果,现代背景下的信任危机正是制度信任的副作用。

在中国社会信任问题的研究中,信任缺失的原因有以下观点:精神文明建设不足和思想政治教育重视不够是引发中国社会信任问题的根本原因,加之市场经济引发的自由化,进一步导致了信任缺失现象频发;基于中国人的传统文化,诚信只针对熟人、圈内人,人们对陌生人普遍存在戒心;社会变革与社会转型引发的巨变,旧的规范被打破,社会运行方式和管理方式发生了变化,一定程度上引发了中国社会信任问题;社会转型期社会公信力的缺乏也是引发中国社会信任问题的重要因素。

当然,也有一些研究成果聚焦信任的建立和重建。郭慧云从哲学的角度认为,承认、尊重、自主性、平等和民主是信任建立的基础。承认是前提,是主体间的认同,可以由特定的承认到普遍的承认,最终在法律和国家层面实现信任的价值认同;将他人作为主体性的人来尊重,承认被信任者作为人的目的性价值;承认人的普遍的自由和自主是信任的逻辑前提,在此基础上才有信任;现代社会的平等是一种价值诉求,从而对信任有促进作用;民主的参与性意向意味着一种信任。因此,其从宏观层面提出完善市场经济、加强法律和制度建设、提高公信力、培养新型人格等来培育信任。董才生等则提出制度可以分为外在制度和内在制度,基于外在制度的社会信任可称为"外在制度型"社会信任,而基于内在制度的社会信任可称为"内在制度型"社会信任。制度对于社会信任的培育是通过"制度化"与"社会化"来实现的。陈文祥强调寻找群体成员的共同性,通过完善社会治理体系和制度建设来培育系统信任,通过强化社会道德建设来培育基础信任。

思想政治教育领域在谈论信任培育时,更多聚焦思想政治教育中的实践来提出培育信任的策略。

一方面,聚焦思想政治教育主体与客体的信任培育,通过加强情感关联、深化角色扮演、开展团队实践和社会活动以及完善心智模式,可以提高人们的信任度,从而促进社会的稳定和发展。这些策略的实施需要在思想政治教育中得到重视,并在教育实践中得到充分应用。

另一方面,思想政治教育领域聚焦某种特定类型的信任培育。在以马克思主义为理论基础的思想政治教育中,信任被看作学生思想政治工作的基点,更多研究集中在思想政治教育主体与客体之间的价值关系,及其思想政治教育过程中的信任等。林春蓉提到可进一步采取创新思想政治教育提升大学生政治参与能力,优化利用朋辈教育资源,引导网络政治的发展等措施。也有研究者聚焦新媒体来培育大学生政治信任,通过重视官方媒体、培育意见领袖,关注学生需求、挖掘校园新媒体传播潜力等,加强大学生网络伦理、网络素养的培养来构建网络人际信任。

现有的研究认为,信任培育涉及政治认同、价值认同、道德认同等多个方面,是一种多层次、多维度、多元化的复杂过程。综合看来,信任培育的理论基础主要有以下几个方面。

一是马克思主义关于人与人关系、人与社会关系、人与国家关系的基本原理,其为信任培育提供了科学的世界观和方法论。

二是社会心理学关于信任形成、维持、破坏和修复的机制和模型,其为信任培育提供了心理学的支撑和指导。

三是社会学关于社会资本、社会网络、社会规范等概念和理论,其为信任培育提供了社会学的视角和分析。

四是教育学关于思想政治教育的目标、内容、方法、效果等方面的研究,其为信任培育提供了教育学的依据和途径。

此外,一些学者从道德伦理角度探讨了信任的培育。他们认为,道德伦理是信任的基石,只有具备良好的道德品质和行为准则,才能建立和增强人与人之间的信任关系。因此,加强道德伦理教育,提高人们的道德素质,是信任培育的有效途径。

一些学者进一步强调了人际关系中的情感因素对信任培育的重要性。他们认为,建立深厚的情感关联,可以培养出更加稳定和持久的信任关系。因此,加强情感教育和情感交流,可以促进信任的形成和增强。

一些学者也从制度建设的角度探讨了信任的培育。他们认为,制度建设是社会信任的重要保障,只有建立健全的制度体系,才能有效保障人们的权益和公正,从而增强人们的信任感。

当前关于信任培育的实践探索大致可以归纳为以下几个方面。

第一,从课程设置、教材编写、教学方法等方面,强化思想政治教育课程在信任培育中的主渠道作用,突出核心价值观教育在信任培育中的引领作用。

第二,从实践活动、志愿服务、社会实践等方面,拓展思想政治教育课程以外的辅助渠道的作用,增强学生对国情社情、党史国史、民族文化等方面的认知和感受。

第三,从网络宣传、网络互动、网络监督等方面,利用思想政治教育新媒体在信任培育中的新平台作用,提升学生对网络信息、网络舆论、网络文化等方面的辨析和判断。

第四,从师生互动、班级建设、校园文化等方面,营造思想政治教育良好氛围在信任培育中的基础作用,促进学生对师长同伴、校园环境、学习生活等方面的满意和自信,增强学生对自我价值和社会角色的信任和担当。

可见,信任培育是社会科学研究中的重要课题,需要从多个角度和维度进行探讨和研究。在实践中,高校可以通过加强道德伦理教育、增进情感交流和强化制度建设等方式来促进和增强人们之间的信任关系,从而助力推动社会的发展和进步。

第三节 研 究 内 容

本书将大学生的群体认同和信任(内群体信任和外群体信任)作为主要研究对象,以马克思主义为指导,以社会认同理论和群际接触理论为主要研究视角,研讨大学生群体认同和信任的现状特点和影响因素,及其它们之间如何互相影响,并提出在群际接触的背景下,以大学生群体认同来培育信任的策略和方法。

本书力图在思想政治教育、社会心理学视域下探讨大学生群体认同和信任问题。

本书的核心概念是群体认同和信任,核心解决如何通过大学生群体认同来培育信任的问题。本书中,信任不再作为与个人的人格相挂钩的概念,而是作为在群际水平上,因个体对群体身份认同而产生影响的概念。此时,认同与信任具有如下特点:一是两者都是社会性的,是一种集体的行为;二是两者都是动态的,是变化的,是具有建构性与可塑性;三是两者都是客观社会存在与个体意识作用相结合形成的,即是个体意识作用的结果。

依据心理学的社会认同理论和群际接触理论,通过对认同与信任的研究梳理,从解析群体认同概念出发,剖析信任的内涵,开展群体信任理论研究取向及其影响因素的探究与溯源,旨在探索在群际接触视野中,大学生群体认同和信任的关系。

此外,信任作为在群体水平上的概念,也受到不同群体之间直接接触、间接接触与想象接触的影响。在研究综述、概念剖析、关系解析和实证研究的基础上,探索群体认同是否影响信任,探究群际接触、社会威胁如何通过群体认同影响群体信任,最终基于接触-认同-信任机制的理论与实践研究,探讨思想政治教育领域如何以群体认同来培育大学生信任,力求为大学生交往、团结与融合提供建议和参考。

第一章
群体认同解析：内涵、特点和动机

第一节　群体认同的内涵
第二节　群体认同的特点
第三节　群体认同的动机

认同是复杂多元的概念,社会学和心理学等都为其提供了相对系统的理论支持。从社会心理学的角度来看,群体认同是一种社会认同,通过以群体身份来确定自身归属的方式来进一步理解"我们是谁"。本章对群体认同概念进行解析,探讨其内涵、特点和动机,为后续的研究和讨论奠定基础。

第一节

群体认同的内涵

个体在社会生活中有两种认同的需要,这两种需要都为了解决一个问题——"我是谁"。第一种是自我认同,是指通过寻找"我"与"我群"的差异来获得一种独特性和唯一性;第二种是群体认同,是指通过区辨"我群"与"他群"的差异进行社会认同,从而获得一种与众相同的一致性和同一性。自我认同聚焦个体层面形成个体自我,而群体认同聚焦群际层面形成集体自我。其中,群体认同会对个体的自我认同和自我概念产生影响。

社会心理学视角下的群体认同是一个多维度的结构,个体认知、情感、行为等因素都会影响个体对于群体的认同感和归属感。个体通过观察群体里其他成员的言行、外貌特征、文化背景等因素来判断自己是否属于这个群体。在现实生活中,群体认同在社会交往中扮演着重要的角色,其对于个体的社会适应和心理健康都产生重要的影响。

一、身份归属

群体认同(group identity)是指个体对自己所属的一个或多个社会群

体在认知、情感和行为上的归属感。社会认同理论和自我分类理论都是用来解释个体如何在不同的社会群体中形成和表达自己身份的理论，它们都认为个体的行为不仅受到个人特征的影响，还受到所属群体的影响。这些群体可以是基于性别、种族、国籍等客观特征的，也可以是基于兴趣、价值、信仰等主观特征的。个体通过将自己和他人划分为不同的群体，来建立自己的社会身份，即对自己在社会中的位置和角色的认知。

群体认同基于所属群体来自我定义。个体通过将自己和他人划分为内群体（in-group）和外群体（out-group）来形成社会身份，并根据内外群体之间的比较来评价自己的社会身份。如果内群体相对于外群体具有优势或正面差异，那么个体就会获得积极的社会身份和自尊；反之，如果内群体相对于外群体具有劣势或负面差异，那么个体就会获得消极的社会身份和自尊。因此，个体会努力实现或维持积极的社会身份，从而产生一系列的认知和行为后果，如内群体偏好、外群体偏见、群际竞争、合作与冲突等。

身份归属觉知是个体对自己在社会中的位置和价值的认识，也是个体对群体的规范、目标和期待的内化结果。身份归属觉知的形成受到多种因素的影响，如个人的特征、动机、情感、认知、态度等，以及群体的特征、结构、功能、文化等，还有社会环境的变化、冲突、竞争等。这种身份归属可以表现为不同的维度：社会认同、角色认同、种族认同、国家认同等。个体对身份归属觉知的差异会引发不同程度的认同：弥散、排他、延期补偿和接受等。

群体身份归属觉知对个体和群体都有重要的影响。对个体而言，群体身份归属觉知可以提供自尊、自豪、自信等积极情感，也可以引发焦虑、矛盾、冲突等消极情感。群体身份归属觉知还可以影响个体的思维方式和行为模式，如偏好、偏见、刻板印象等。对群体而言，群体身份归属觉知可以增强群体的凝聚力、合作性、效能感等积极特征，也可以激化群体的分化、对立、歧视等消极特征。群体身份归属觉知还可以影响群体与其他群体之间的关系，如友好、敌对、竞争等。

基于自我分类，个体对群体身份的觉知是群体认同中的一部分，这代表着个体认同中的认同要素也是群体认同中的重要的要素。身份归属觉知确定了群体的边界和特征，因此在群体认同中具有重要的地位和作用，它是个体与群体之间相互作用和相互影响的结果，也是个体与社会之间相互适应和相互变化的过程。群体身份归属觉知既反映了个人与社会之间的联系与差异，也塑造了个人与社会联系中所拥有这种身份的认知。

二、积极评价

20世纪初，美国社会学家萨姆纳（Sumner）提出了"内群体"和"外群体"的概念。他认为，群体成员将自己所属的群体称为"内群体"，并以积极的态度看待内群体及其成员；而将自己不属于的群体称为"外群体"，并以挑剔的态度看待外群体及其成员。此外，他们还认为"内群体"比"外群体"更有价值，更加优秀。这一概念在后来的研究中得到了广泛的应用和探讨。

群体认同中的积极评价是指个体对自己所属群体（内群体）相对于其他群体（外群体）的优势或优越性的认可。积极评价是个体满足自尊和积极社会认同的重要途径，也是个体在群体中展现出创造力和正向偏离的重要动机。积极评价因内群体偏爱而产生，也就是说个体将自己所属的群体与其他群体的价值和特征相比较后的积极评价倾向。

内群体偏好是指个体倾向于对自己所属的群体（内群体）并愿意给予更多的支持、信任、赞赏和资源，而对其他群体（外群体）则倾向给予更少或更负面的对待。内群体偏好影响了个体对他人的评价、分配和行为，也可能导致偏见和歧视。

个体一旦将自己划分为某个群体，内群体就变成了"我们"，此时会因内群体偏爱而积极评价内群体，在资源分配和奖赏上也更偏向内群体。无论是在实验条件下随机分配的最简群体内，还是在以长期文化或社会关系所确定的群体成员间，个体都无法完全不偏不倚地感知、评价和对待内外群体。这种对内群体的偏爱和积极评价更易在内隐水平上呈现,这也意味着个体需要有意识地控制自己的评价和反应才能平等对待外群体及其成员。

在群体认同中,积极评价是一种积极认同态度的体现,积极评价对群体认同的作用是指个体通过确保自己所属的群体(内群体)相对于其他群体(外群体)具有积极的区别性,从而实现和保持积极的社会认同。

对群体认同的过程依赖于个体通过与外群体进行社会比较,并以此来实现和保持内群体的积极评价。个体会选择那些能够突出内群体优势或掩盖内群体劣势的比较维度。这些维度可以是客观的也可以是主观的,例如地位、声望、价值观、能力、道德等。个体也会通过遵循内群体的规范和榜样来强化自己作为内群体成员的特征。个体对内群体的积极评价是出于满足自尊和积极社会认同动机的。个体会将自己的自尊和内群体的地位联系起来,从而在内群体中寻求认可和尊重。个体也会将自己的社会认同和内群体的优势联系起来,从而在内群体中寻求归属和意义。

三、情感依恋

群体认同本身包括了认知与情感的过程。情感过程中的归属感与依恋是群体认同中的重要支柱,体现了群体成员因拥有该身份而产生的情感与意义。

归属感和依恋是指对某个人或群体的亲密和喜爱的感觉,有助于维持有意义的关系,也反映了个体如何和为什么与个体所属的社会群体联系在一起。

群体为个体提供了场所、目的感和对自我心理有益的归属感。更为重要的是,群体能够提升个体的自尊和价值感。归属感与依恋为群体成员遵循群体的规范和价值提供了动力,同时塑造了群体成员的属性。归属感和依恋可以在缺少外界奖励的情况下维持个体积极的群体认同,这种积极情感能提升个体的自尊、自豪、承诺和忠诚度,促进个体在群体中展现出更多的凝聚力、合作、利他行为。从个体的心理健康而言,对群体的归属感与依恋能够帮助个体应对各种不确定性、压力、孤独等消极情绪,增强群体成员的心理健康水平和幸福感。

四、行为承诺

群体认同不仅包括了感觉和态度,还可以表现为一种行为倾向与行为表现,也就是行为承诺。

行为承诺是指个体在群体认同的基础上,为了维护自己所认同的群体的利益而表现出一致的、忠诚的行为。这种承诺通常是通过言语、行动或行为规范来表达的,具有一定的约束力和责任感。行为承诺也是个体在群体中发挥作用和影响力的重要途径,是个体在群体中获得认可和尊重的重要条件之一。

群体成员因为认同内群体而表现出四类行为承诺。

一是个体会遵守内群体的规范和价值观。个体会根据自己所属群体的规范和价值观来调整自己的态度和行为,以符合内群体的期望和要求。例如,个体会遵守内群体的着装、言语、礼仪等规范,以表现出对内群体的尊重和认同;支持内群体的利益和目标。

二是个体会为了内群体的利益和目标而付出努力和牺牲,以表现出对内群体的忠诚和承诺。例如,个体会为了内群体的发展和进步而投入时间、精力、金钱等资源,以表现出对内群体的支持和贡献,保护内群体的声誉和地位。

三是个体会为了维护内群体的声誉和地位而与外群体进行竞争或合作,以表现出对内群体的自豪感和积极评价。例如,个体会为了突出内群体的优势或掩盖内群体的劣势,而与外群体进行社会比较或社会影响,以表现出对内群体的优越感或改进意愿。

四是个体会创新内群体的特征和功能。个体会为了增强内群体的特征和功能而展现出创造力和正向偏离,以表现出对内群体的创新性和变革性。例如,个体会为了提升内群体的效率或适应性而提出新颖或创新的想法或行动,以表现出其对内群体的创造力或变革力。

群体认同源自社会认同,因此群体认同可理解为:群体认同是自我概念的一部分,因个体对社会群体身份的接纳和体认而共享价值观和情感卷入。群体呈现出多维度多层次的结构,是一个态度与行为的综合体。因此,群体认同是基于社会分类的,个体主动对其群体身份觉知和承认,在维持和提升自尊的需求下产生内群体偏好和积极评价,随即产生归属感与依恋,并表现出维护内群体的行为倾向。

第二节

群体认同的特点

无论是个体认同的形成还是群体认同的形成,都需要具备两个要素,即认同者与认同对象,或者说自我与他者。如何认识自我与他者之间的关系,需要将这种关系放到一定的具体情景中得以确认。此时群体认同具有个体内部、人际、群体和群际四种水平,并在动态的过程中表现出一些特点。

一、情景凸显性

群体认同受到情景的影响。个体具有多种社会身份,在一定的社会情境中,某一种社会身份得以凸显,成为个体最重要、最认可的身份。社会认同的重要性和显著性取决于特定的社会环境和情境。在某些情境下,某个社会认同可能变得更加重要,而在其他情境下,这个社会认同可能变得不那么显著,这就是群体认同的情景凸显性。

个体在不同的情境下会激活不同的社会认同,从而影响个体的感知和行为。例如,一个学生运动员在学校里可能更强调自己的学生身份,而在体育场上可能更强调自己的运动员身份。这种情景凸显性取决于个人对不同认同的可用性和适合度。可用性是指个体能够轻易地想到或回忆起某个认同的特征和信息。适合度是指个体觉得某个认同与当前情景之间有多大的关联性和相容性。可用性和适合度越高,某个认同就越可能被激活,并指导个体的感知和行为。

情景凸显性可以解释为什么个体在不同的环境中会表现出不同的态度和行为。例如,当一个中国人在国内生活时,他可能不太强调自己的中国人认同,而更关注自己的职业、家庭或兴趣等其他方面的认同。但是,当他出国旅行或留学时,他可能会更强调自己的国家认同,因为他会遇到来自不同国家和文化的人,他会感受到自己与他们之间的差异和对比。在这种情况下,他的中国人认同会变得更加凸显,他会更倾向于与其他中国人交流和合作,也会更注意维护自己国家的形象和利益。就中国人的认同而言,中国人的"我们"包括两种类型,即"关系式的我们"与"类别化的我们"。"关系式的我们"是指个人以自我为中心,根据与自己的亲疏远近关系建构出的身份感;"类别化的我们"是指从群体分类出发,依据相同或不同的类别发展出的身份感。这两种不同的身份感会在不同的情境中被启动,当外群体出现后,"类别化的我们"凸显;当"外人"出现时,"关系式的我们"凸显。启动这一机制的条件是视自己为类别成员式的"我"还是可以划定自己人的"我"。也就是说,"我"是"一个"(成员)还是"这一个"(划定关系的中心),即"我们"这个概念是情境化的。

情景凸显性反映了群体认同对情景的依赖,个体具有的多元群体身份是其本质。多个群体身份中某个身份的凸显取决于个人对不同群体的归属感、自尊感和情感联系,以及外部因素如群体间的相似性、差异性和竞争性。因此,群体认同在一定的场域或情景中,可以被塑造或建构。

二、构建性

群体认同并不是像基因一样天生的,而是受到环境和社会因素的影响逐渐形成。群体认同具有建构性,即它是在不断变化和发展的过程中被建构出来的。群体认同的建构涉及个体与社会环境之间的互动过程。个体通过社会交往、文化传承、社会化教育等途径获取社会认同,同时也在这个过程中对群体认同进行了再创造和再建构。

群体认同的建构是一个复杂的过程,包括了多个因素的相互作用。其中,文化是群体认同建构的重要因素之一。

文化是群体认同的重要组成部分,个体通过接受社会文化的教育和传承,逐渐形成了自己的文化认同和价值观念。同时,群体认同也与社会角色密切相关,个体在社会中扮演不同的角色,这些角色取决于个体的职业、家庭、族群等,也会影响其群体认同的建构和发展。

社会认同的建构还受到社会环境的影响。社会环境包括了社会结构、社会政治、经济环境等多个方面,这些因素都会对个体的群体认同产生影响。例如,社会结构的变化、社会政治的发展等都会引起群体认同的变化和重构。个体可以归属于多个不同群体,这些群体由个体的族群、宗教、性别、年龄、职业、兴趣等决定。个体可以同时拥有多个群体认同,这些认同在特定情境下可能发挥不同的作用。

群体认同不是一成不变的,它可以随着个体在生活中的经历和环境变化而发生改变。例如,个体可能会因为移民、升学、搬家、结婚或工作变动等原因改变其群体认同。

三、比较性

个体在确定自己归属哪个群体时,需要一个重要的心理过程——比较。个体往往通过比较自己所属群体与其他群体的特点和优劣来建立和维护群体认同。这种比较可能导致群体之间的竞争和冲突，也可能促进群体之间的合作和共享。

个体首先会比较自己和他人的特征，以确定自己属于哪个群体。这个群体可以是基于共同特征的，如种族、性别、年龄等，也可以是基于共同价值观、信仰和文化等的。个体会根据自己的特征和群体的特征判断自己是否属于这个群体。

社会认同理论认为，个体通过比较自己所属的群体与其他群体之间的相似性和差异性，来确定自己的群体身份和群体地位。这种比较过程可以提高或降低个体的自尊，也可以影响个体对内外群体的态度和行为。

这一比较过程主要通过三个步骤来进行：

第一步，社会分类。个体根据些特征将自己和他人划分为不同的群体，如性别、种族、国籍等，以便简化和规范社会环境。

第二步，社会认同。个体将自己与某个群体相联系，从而获得自尊和归属感。

第三步，社会比较。个体将自己所属的群体与其他群体进行比较，以评价自己的社会地位和价值。

个体选择与哪些群体进行比较，取决于这些群体与自己所属的群体之间有多大的相关性和相似性。一般来说，个体倾向于选择那些与自己所属的群体有一定联系或相似度的群体作为比较目标，因为这样可以提高比较的有效性和意义。个体选择在哪些方面进行比较，则取决于这些方面对自己所属群体的重要性，以及自己所属群体在这些方面有多大的优势。一般来说，个体倾向于选择那些对自己所属的群体有利或有意义的方面作为比较维度，因为这样可以提高比较的正向效果和动机。个体根据比较得出的结论来调整自己对内外群体的评价和行为。如果比较结果是正向的，即自己所属的群体在某些方面优于其他群体，那么个体会提高自己对内群体的偏好和对外群体的歧视。如果比较结果是负向的，即自己所属的群体在某些方面劣于其他群体，那么个体会采取一些策略来改善或保护自己的社会认同，如改变比较目标或维度、退出或改变所属的群体、寻求与其他优势群体的联盟等。

第三节
群体认同的动机

群体认同是一个动态发展、不断建构的过程。在不同的情景中,群体认同也存在着凸显性。个体选择以某种群体成员资格来认同时拥有多重动机,这些动机反映着个体对未来认同的期望和顾虑。群体认同的动机为个体趋近某种群体认同而避开一些群体认同注入了动力,从而指引着群体认同的形成与建构。

一、维持自尊

社会认同理论中的核心假设为"自尊假设"。

个体有维护和提升自尊的需要并以此来维护积极的自我概念,即个体将自己的社会身份作为一种重要的自我概念,并通过与外群体进行社会比较,来实现和保持积极的社会认同。为了维护积极自尊,个体在进行社会比较时会选择那些能突出内群体优势或掩盖内群体劣势的维度。这些维度可以是客观的也可以是主观的,例如地位、声望、价值观、能力、道德等。一旦内群体在社会比较中处于优势地位,个体便会通过遵循内群体的规范和榜样来强化自己作为内群体成员的特征,从而进一步维护积极自尊。

在最小群体范式的实证研究中,自尊假设得到了一定程度的验证。最小群体范式是指将个体随机分配到不同的群体中,而这些群体没有任何实质性的意义或联系。研究发现,即使在这种情况下,个体仍然倾向对内群体给予更多的支持、信任、赞赏和资源,而对外群体给予更少的资源或更负面的对待。这种内外群体偏好被解释为个体为了提高自己的自尊和积极社会认同而采取的一种策略，也进一步验证了个体寻求积极群体认同是为了维护和提升自尊。

自尊的需要激发了个体的群体认同和群体行为，群体认同是为了满足自尊的需要。当个体感知到自我价值和尊严受到威胁时，会产生强烈的自尊需求。为了满足这种自尊需求，个体会寻求外界的认同和认可，此时，群体认同感可以提高个体的自尊，从而缓解自尊需求的压力。在这一过程中，个体会积极地与外群体区分，以强化自己所属群体的凝聚力和认同感。这种群体间的区分行为可以表现为一种群体间的竞争或敌对态度，从而实现个体自我价值和尊严的维护和提升。因此，个体在所属群体中的群体认同感和自尊是相互关联和相互促进的。

自尊假设还提出了一个重要的推论，即低自尊或自尊受到威胁的个体更容易激发群体间歧视行为。具体来说，个体为了获得积极的自尊感，会寻求与外群体的差异和优越感，并将这种优越感转化为群体间的竞争和歧视行为。这种群体间歧视行为可以强化个体的自尊，从而满足自尊需求。

二、减少不确定性

在社会认同理论和自我分类理论的基础上，豪格等提出了主观不确定性理论，强调自我不确定性在群体互动过程和群际关系中的动机作用。该理论认为，人们会通过社会认同来减少与自我、生活和未来相关的不确定性。群体认同是一种社会认知和社会互动的过程，它将群体的价值观、态度、信念和行为规范化到个体上。减少不确定性则是群体认同的一个重要动机，群体认同可以降低社会生活中的无常感并赋予群体内成员一种基于社会认知的安全感。不确定性是一种令人不安的情绪状态，它会激发个体寻求减少不确定性的动机。群体认同和自我归类恰恰可以有效地减少不确定性，因为它们使个体与一个规范化的原型相一致，从而指导和验证个体的感知、认知、情感和行为。

群体认同和自我归类的程度受到情境中不确定性水平的影响,即不确定性越高,群体认同越强。群体认同和自我归类也会反过来影响不确定性的感受,即群体认同越强,个体感受到的不确定性越低。群体认同和自我归类还会影响群内和群际行为的方式,例如促进群内凝聚力、增强原型一致性、导致极端主义等。

在选择群体认同时,个体会倾向选择行为规范、价值清晰、拥有相同特征的群体。个体一旦确定认同该群体,就可以预测其行为和特征。同样,个体一旦认同某群体,就意味着其清晰知晓应遵守哪些规范和价值。只有这样规范、清晰的群体认同才能大大确保个体社会认知的安全感,知道哪些是应该遵守的,哪些是应该禁止的。

三、归属感和个性化的需要

在社会生活中,个体既希望保持个性,又想通过加入群体来获得归属感。归属感是个体对与他人建立联系和保持关系的渴望,而个性化是个体对表达独特性和区别于他人的渴望。

当个体认同一个群体时,就会感到自己属于那个群体,而群体成员越多,个体的归属感也越强。然而,在群体认同的过程中,个体可能出现去"个性化"的情况,也就是将群体的典型特征加在自己身上,结果看不出自己与其他群体成员有什么差异。这种情况会损害个体保持个性的需要,而且当认同的群体成员越来越多时,个体会觉得与自己与更多人没有分别。换句话说,个体在社会认同的过程中既要满足归属感的需求,又要保持自己的个性化。

在布鲁尔(Brewer)的"最佳区别理论"中,群体认同被两种需要驱使:归属需要和个性需要,这两种需要看起来冲突却辩证统一。

个体通过群体认同满足了归属的需要,用群际区分来追求个性。当归属需要大于个性需要时就更多认同内群体;当个性需要大于归属需要时则追求独特性的群体认同。这两种需要在不同的情境下可能冲突或协调。比如，当个体面临外部威胁或竞争时，他们可能更强调自己与内群体的相似性，以增强归属感和集体认同；而当个体处于一个多元化和包容性的环境时，他们可能更强调自己与内群体的差异性，以突出个性化和自我表达。

四、寻找存在的意义

意义涉及"是什么""意味着什么"和"应该怎样活"这三个问题。一个人生活在这个世界，表现为意义和意义世界的生成。通过群体认同，个体获得在现实世界"安身立命"的方式。个体以主体的身份开展各种社会活动，因此也具有某种生存意义。

人类是社会性动物，我们生来就渴望被其他人认可和接受。这种渴望驱使我们与他人建立联系，寻求归属感和认同感。在人类的进化历程中，群体认同对于个体的生存和繁衍至关重要。在原始社会中，个体必须与群体保持联系才能获得食物、保护和繁殖的机会。因此，寻求群体认同是一种自然而然的本能，它有助于维持社会秩序和个体的生存。对于存在意义的探寻和追求是个体寻求群体认同的一种动机。

个体通常渴望被其他人认可和接受，这种认可和接受可以让个体感到自己的存在是有意义的。在社会生活中，个体需要通过与他人的互动来确认自己的存在和地位，从而获得一种存在的意义感。群体认同可以帮助个体建立自我认同，即对自己的认知和评价。个体在所属的群体中获得认同和认可时，会感到自己在这个群体中是有价值和意义的。

此外，群体认同还可以帮助个体建立人际关系和社会支持网络，从而让其感受到自己在社会中的存在和价值。这种社会支持可以增强个体的生命意义感和满足感，让其更加积极地面对生活中的挑战和困难。

每个人都无法永远存在于世界上，或多或少都存在着死亡焦虑和恐惧，如果通过群体认同，在可以确信自己虽然不能永远存在于世界上但却能永远存在于所认同的群体的记忆中时，这种恐惧感就会得到释放和缓解，从而使个体更加认同自身的群体。

以上四种动机可以解释个体为何要与某个社会群体联系起来，并根据这些关联来影响自身的认知、情感和行为。个体通过群体认同，可以更好地维护和提升自尊并以此增强自我肯定，获得归属感与安全感，减少不确定性并更好预测他人的行为，同时也能满足个性化的需求，寻找存在的意义。

第二章
群体信任解析及其影响因素

第一节　群体信任的内涵
第二节　群体信任的类别
第三节　群体信任的功能
第四节　群体信任的影响因素

信任是指对某人或某事的品格、能力、实力、真实性、善良等的依赖或信赖,也是指对未来或不确定的事物的期待或希望。在群际环境中,信任更多体现为一种关系,是人际关系和社会交往的基础,也是个人和群体的心理需求。

第一节
群体信任的内涵

信任是一种社会建构,是社会现实的一个要素。控制、自信、风险、意义和权力等社会建构经常和信任一起被讨论。信任也是自然归属于社会行为者之间的关系,无论是个体还是群体(社会系统)。信任更是一方(信任者)基于对另一方(被信任者)的意图或行为的积极期待而接受自身脆弱性的意愿。

一、信任与可信性

英国哲学家洛克(Locke)认为值得信任无疑是社会秩序的基础。值得信任的责任比任何社会的道德传统或积极法律更基本,如果没有(值得信任),人类社会就完全不可能存在。信任与值得信任、可信性经常联系在一起。对他人的信任是基于从对方觉知到可信性,时常与信任相对立的"背叛"是可信性的失败,而不是信任的失败。在卢曼的观念里面,值得信任或可信性是出于信任之前的。因为对方具有可信性,信任就更容易产生。

信任和可信性之间存在着密切的关系。可信性是指一个人或组织被认为是值得信赖的程度,它通常基于这个人或这个组织的行为、态度和能力等方面的评估。如果一个人或组织的行为、态度和能力被认为是可信的,那么他们就被认为是值得信赖的。在群际关系中的信任,根据克拉姆(Kramer)的观点,个体按照对方的群体身份或社会类别来判断可信性[①],信任则是个体对他人或群体的一种积极预期与依赖,信任是建立在可信性基础上的。当一个人或组织被认为是可信的时,其他人就会相信他们,并且愿意依赖他们。因此,可信性是建立和维护信任的先决条件之一,也就是说值得信任普遍引起了信任。如果我值得信任,你可能就会信任我(会因对我的信任而行动)。因而,从概念上看,如果某件事需要可信性或引起了可信性,那么它往往就会间接引起信任。

二、相信与信任

在一般意义上,信任与相信紧密联系,都是社会互动中的重要概念。有时,你可能会遇到一些你相信但不信任的人或事物,比如一些有证据但没有诚意的人或事物。反之,你也可能会遇到一些你信任但不相信的人或事物,比如一些有诚意但没有证据的人或事物。相信是指一个主体对某种陈述、命题或事实的认同。相信是心理状态,表示主体接受某种观点或看法为真实。相信可以基于直观、经验、证据或权威的推荐。信任是一种关系,通常涉及至少两个主体,如个人、群体或组织。信任是指一个主体对另一个主体在某种程度上可靠、真实和诚实的信念。这种信念基于对另一个主体行为、动机和能力的期望和评估,表现为一种积极预期。信任在许多社会互动中起到关键作用,如合作、交流和决策。信任与相信的区别在于,信任是一种对他人或事物的依赖或信赖,而相信是一种对某事物为真的接受或认定,信任是一种情感上的联系,而相信是一种理性上的判断。信任主要关注关系和互动,而相信主要关注事实和观点。信任是关系性的,涉及至少两个主体,而相信可能仅涉及一个主体。信任可以看

---

① Kramer R M. Trust and distrust in organizations: emerging perspectives, enduring questions[J]. *Annual Review of Psychology*, Vol. 50, No. 1, 1999.

作一种特殊的相信,即对他人可靠、真实和诚实的信念。同时,信任也可以影响我们对其他人的相信。例如,我们可能更愿意相信信任的人所说的话,而对不信任的人所说的话持怀疑态度。此外,信任通常需要时间和经验积累,而相信可以迅速形成或消失。

信任与相信对于个人和社会都非常重要的。个人需要通过建立自己的相信来赢得他人的信任,同时也需要通过展现自己的信任来增强他人的相信。社会需要通过培养高度信任和高度相信的文化来提升公民和机构的合作、创新和发展。信任与相信都是动态变化的,可以被建立、维护、损害和修复。例如,我们可以通过沟通、合作、承诺、证明、认同等方式来建立或恢复他人对我们的信任。我们也可以通过学习、思考、探索、验证、更新等方式来建立或改变我们对某种事物的相信。

三、群体信任是态度

不同学科领域的学者对群体信任的定义和特性表述略有不同。哲学家认为群体信任是群体成员对某种不确定事件大胆确定的过程。心理学家则把群体信任看成一种群际互利行为或是对外群体成员的积极期待。社会学家则把群体信任看作社会秩序与社会控制的利器。经济学家认为群体信任是降低双方交易成本的手段。不过,无论从哪种学科视角,群体信任的建立都体现了三种特性:一是不确定性和风险性,二是基于对他人可信度的判断,三是存在背叛性和脆弱性。群体信任的建立往往以先前的信任经历和社会认知为线索,获得对外群体成员的信任感知。

因此,群体信任建立在可信性的接触上,表现出对于对方不会背叛或伤害自己的信心。在群体信任的过程中,判断对方是否可行的线索往往不是对方的人格特征,而是对方的群体身份、互动的成分、群体认同及社会认同的威胁、群体的地位,等等。正如前文所说,群体信任和人际信任有所区别,群体信任的起始水平通常较低,比人际信任更难建立并且更容易遭到破坏。相比之下,人际信任的起始水平通常较高,因为个体之间的交往更加直接和频繁,对对方的信任程度也更容易建立。在群体中,由于成员之间的互动比较间接和稀疏,因此建立相互信任的过程更加缓慢和困难。同时,一旦群体信任被破坏,修复的难度也更大,需要付出更多的努力和时间。所以,在一定程度上而言,群体信任的建立和维护需要更加谨慎和努力。群体信任是一个复杂的多元化概念,群体信任模型(Intergroup Trust Model,IGT 模型)跳出了信任-不信任的两维模型,提出了群体信任的五个维度:能力、诚实正直、同情、和睦共处和安全。该模型通过分析信任变量之间的关系,将群体信任分解为对目标群体的信任和群体关系两个部分。安全是群体信任的上位概念,是群体信任的基本前提。群体信任的内部要素是对群体能力的认可和诚实正直关系的建立。群体关系中的同情和和睦共处则是群体信任的交往策略。这些维度之间是连续且共存的整体,它们之间相互依存且存在着因果关系[①]。IGT模型主要用于解释群体冲突或者群体关系紧张情景下的信任现象,但为我们更好地理解群体信任的内涵提供了参考。

群体信任建立在个体的群体身份上,它是一种心理态度,是信念、情感与行为倾向的结合体。群体信任是在社会互动中产生的,伴随着个体的认知判断、预期,积极的情感,行动的意愿及行为表现,这种信任不同于希望这种心理意愿,更多体现在对行为的激发。信任意味着相信对方不会伤害自己,不会做出有损害自身利益的行为。这种相信就是认知判断后的理性选择,也是一种情感联结和行为倾向。信任作为一种主观的心理状态,可以表现为一种坚定的信念,并包含着积极情感,信任的产生不受契约影响,一旦产生便会激发更多的合作行为。

积极预期是指对未来或不确定的事物的乐观和期待,它是人类生活中重要的动力来源,是一种认知期待和信念。积极预期或者心理期待都

---

① Kappmeier M, Guenoun B, Fahey, K H. Conceptualizing trust between groups: An empirical validation of the five-dimensional intergroup trust model[J]. *Peace and Conflict: Journal of Peace Psychology*, Vol. 27, No. 1, 2021.

是指向未来的,将信任作为积极预期也道出了信任的真谛——未来指向。其积极预期可以激发人们的积极情绪、动机和创造力,也可以影响人们的决策和行为。信任是一种积极预期,如果没有风险和不确定性,信任就会退化为信心或确定性。积极预期可以增强人们对自己、他人和事物的信心和希望,也可以增强人们对自己、他人和事物的控制和影响。信任意味着我们愿意承担风险,相信他人或事物不会背叛我们或伤害我们。信任可以帮助人们在积极预期下建立稳定和持久的关系,也可以帮助人们在积极预期下实现个人和群体的目标。

群体信任是一种情感,体现为对他人情感上的依赖和信赖。信任意味着人们愿意暴露自己的脆弱性,相信他人不会伤害自己或背叛自己。信任也意味着我们对他人有一定的情感上的期待和承诺。群体信任并不是一种基本情感,而是一种由基本情感构成和支持的高级情感,体现了更多的认知加工和社会学习,呈现出个体差异和文化差异。群体信任是一种积极情感,也能引发和维持愉悦、幸福、满足、安全等积极情感,并能减少和抵消恐惧、愤怒、厌恶等消极情感。正如吉登斯对"信任"的定义,认为其为"焦虑"的反面,能带来更多安全感、稳定感,是一种情绪和感觉。信任能传递一种"放松、心安"的感觉,这与"焦虑、戒备"是完全对立的。

群体信任也蕴含着一种行为倾向。在《现代汉语词典》中,信任有相信并敢于托付的意思,也就意味着将利益攸关的重要事项托付于对方。格里曼(Grinderman)提出了"托付"(commitment)的概念,并将其作为信任的一个重要组成部分。托付指的是一个人在信任另一个人时,愿意在某种程度上放弃自己的控制权,将自己的利益或者命运交给对方。托付是信任的基本要素之一,它体现了信任关系中的相互依赖和风险承担。托付的程度取决于对方的可信度和信任者的需求程度,以及信任者自身的风险承受能力和控制欲望。托付不仅是信任关系的必要条件,还可以增强信任关系的稳定性和持久性。当一个人在信任另一个人时,他会更加关注对方的利益,愿意为对方着想,从而增强信任关系的相互依赖性。

可见,信任的内涵当中包含着勇于托付的一种行为倾向。托付是基于自主个体自愿指向他人的一种现象,通过对他人的依赖以保证自身的利益,不靠制度与规范强制就能实现信任。

群体信任具有情境性和时间性,判断被信任对象是否可信的心理学要素也不尽相同,有的仅仅是建立于他者行为可预测,有的必须根据对方的意图来判断;有的仅仅是一种战略性的计算,有的却是一种情感驱使。同时,群体信任会随着时间发生变化,因此有程度之分,也就是说群体信任更多是一个谱系概念,此外群体信任会产生也会消失。这些信任的内涵和特性也反映出信任是一个多层次、多维度的复杂多元概念。那么,群体信任究竟是一种深思熟虑的心理认知,还是一种期待信念,抑或一种积极情感体验?群体信任是一种态度,但并不是一种简单的态度,而是一种由多个成分构成的复合态度。群体信任包括认知成分、情感成分和行为成分。认知成分指对群体或成员的可靠性、真实性、能力或力量的信念;情感成分指对群体或成员的喜爱、尊重、关心或感激;行为成分指对群体或成员的依赖、托付、支持、合作或承诺。群体信任在互动中产生,是基于过去对未来的推断,面对不确定的确定。因此,群体信任这种态度包含着对群体或成员认知的理性选择、情感联结、不确定的积极预期和合作互助的行为倾向。群体信任因此可被定义为群际互动中对内外群体成员的行为或意向做积极预期且愿意承受相应的风险。

第二节

群体信任的类别

信任是一个复杂的概念。在社会学与心理学的视野下,在群体水平上的信任有着不同的类别划分,体现了群体信任的丰富内容和多维度结构。

一、认知信任与情感信任

群体信任作为一种态度，本身蕴含认知选择和情感联结。认知信任是基于群体或成员的能力、技能和可靠性的信心，是来自头脑的信任。情感信任是基于对群体或成员的情感亲近、同理心或友谊的感受，是来自心灵的信任。认知信任和情感信任是群体信任的两个重要维度。

认知信任指的是基于对群体或成员行为和能力的认知和评估而建立的信任。它是基于理性和逻辑的考虑，是对对方能力和行为的客观评价和信任。认知信任建立在对对方的认知和理解上，需要对对方的行为和能力进行观察和评估，以建立起对对方的信任。例如，一家公司的经理对一位员工的能力和表现进行评估，如果认为这位员工能够胜任工作，就会建立起对他的认知信任。情感信任则是基于对对方情感和态度的评估而建立的信任。它是建立在情感和感性的考虑上的，是对对方的感情和态度的评价和信任。例如，你对一位朋友的信任，往往是基于对对方的情感认同和共鸣，而不仅仅是对对方能力和行为的评估。

认知信任和情感信任是两种不同但相关的信任维度，它们对于个人和组织的行为和绩效有不同的影响。从互补性的角度来说，认知信任和情感信任在不同的场合、目标和对象上有不同的适用性和效果，它们可以相互支持、弥补或增强。认知信任更适用于任务导向、结果导向、规则导向、风险导向、短期导向、陌生导向、多元导向等情境，它可以提高效率、降低成本、减少不确定性、促进合作；情感信任更适用于关系导向、过程导向、价值导向、机会导向、长期导向、熟悉导向、同质导向等情境，它可以提高满意度、增加忠诚度、增强承诺度、促进创新。

从动态性的角度来看，认知信任和情感信任在不同的时间阶段有不同的发展路径、变化速度和影响力，它们可以相互作用、转化或平衡。认知信任通常在交往初期便可建立，它基于对他人的能力和可靠性的判断，变化较快，受到信息和证据的影响较大，对于交往行为的预测和控制有较大作用。情感信任通常在交往后期才建立起来,它基于对他人的情感和善意的感受,变化较慢,受到经验和互动的影响较大,对于交往关系的维持和深化有较大作用。从嵌入性的角度来看,嵌入性是指认知信任和情感信任在不同的社会网络和文化背景中有不同的表现形式、传播方式和作用机制,它们可以相互影响、适应或调节。认知信任通常建立在弱联系的网络中,它基于对他人的能力和可靠性的信息,通过正式的渠道和规范的方式传播,对于扩大社会资源、增加社会资本、促进社会交换有较大作用。情感信任通常建立在强联系的网络中,它基于对他人的情感和善意的互动,通过非正式的渠道和自发的方式传播,对于增强社会凝聚力、增加社会支持、促进社会合作有较大作用。

认知信任和情感信任在群体信任的建立和维护中都非常重要。认知信任是建立在理性和客观评价上的信任,是信任的基础之一,可以提高双方的合作效率和效果。情感信任则是建立在情感认同和共鸣上的信任,可以增强双方之间的情感联系和亲近感,促进双方之间的情感交流和支持。认知信任和情感信任并不是完全分离的。它们之间相互影响,互为支持。认知信任可以促进情感信任的建立,而情感信任也可以提高认知信任的效果和稳定性。因此,在培育信任关系时,需要综合考虑认知信任和情感信任的作用,以建立更加稳定和良好的信任关系。

二、人际信任和群体信任

信任作为一个概念提出来,最初集中于个体的信任,例如个人对他人、组织和体系等的信任。1958年,美国心理学家多伊奇通过著名的"囚徒困境"实验证明信任其实是人对情境的一种反应,信任或者说人际信任是个体所持有的构成个人特质的一种信念,是一种经过社会学习逐渐形成的相对稳定的人格特点。信任是交往双方所共同持有的、双方都不会利用对方弱点的信心,信任是当个体面临一个预期损失大于预期得益的不可预料事件时所做的一种非理性的选择行为。心理学家一般从个体的角度而不是群体角度来看待信任,把信任理解为个体的心理事件,关注信任的认知内容或行为表现。例如,我国学者杨中芳强调人际信任是交往中认为对方可以被托付的一种保障感,并指出此时信任与不确定性、心理预期及积极意愿等是联系在一起的。

在现代社会,我们对陌生人的信任越来越重要,但又不存在帮助我们形成对他人印象的有力线索,在这样的情况下基于社会分类信息形成的信任便越来越重要。于是,越来越多心理学家关注群体水平层面的信任——群体信任。群体信任作为一种复杂的社会心理现象,虽然受到各领域专家的广泛关注,但是关于群体信任的定义纷繁复杂。群体水平之间的信任表现出以下特点:通常发生在两个或两个以上群体的交流中,无论是在虚拟的情况下还是在真实的群体互动中,信任主要由成员的社会身份决定;群体信任包括了内群体之间的信任,但更多情况下是指内群体对外群体的信任(外群信任)。

群体信任与人际信任有很大区别,两者有以下四点差异:一是群体信任一般是由群体成员所属的社会群体成员的身份所决定的,较少受个体特性的影响;二是在群际关系中,人际信任的作用没有群体信任的作用强大;三是群际关系具有更少的合作性和更多的竞争性;四是人际信任与群体信任的测量有所不同。也就是说,群体信任作为由人际信任延伸出来的一个新的社会心理学研究主题,与人际信任相比,它是一种更为复杂的社会心理现象,不能被还原为人际信任。

然而,在群际互动的场景下,群体信任可表现为人与人之间的信任关系(人际信任)。群体信任的一部分内群体信任,不太依赖群际互动与关系,更多是在共同身份下内群体成员之间的一种人际信任。人际信任和群体信任在很多情况下会共同作用,共同影响个体和群体的行为与决策。人际信任的累积可以提高群体信任水平,高度的群体信任可以促进人际信任的形成。在IGT模型中,在群体中形成信任主要基于个体信任和群体信任这两个方面。个体信任是指个体对其他个体的信任,它是IGT模型的基础。在一个群体中,当个体对其他个体的信任度较高时,他们更容易形成群体信任。

三、内群体信任和外群体信任

按照社会认同的观点,信任在群际关系的环境中,按照指向群体的不同可以分为两种信任:内群体信任和内群体对外群体的信任(外群体信任)。很多的研究指出,群体成员对内群体的信任水平要远远高于对外群体的信任水平。

内群体信任是指一个社会群体对自己所属的群体成员的信任,主要由他们之间的相似性、互惠性和包容性所决定,不受他们与其他群体的关系的影响。

外群体信任是指一个社会群体对其他不同的群体成员的信任,主要由他们之间的差异性、竞争性和排斥性所决定,受他们与自己群体的关系的影响。

内群体信任和外群体信任是两种不同但相关的信任类型,它们对于个体和群体的行为和绩效有不同的影响。从内群偏好的角度来看,内群偏好是指一个社会群体对自己所属的群体成员给予更多的正向评价、支持和利益,而对其他不同的群体成员给予更多的负向评价、抵制和损害。内群偏好是内群体信任的结果,也是外群体信任的障碍。当一个社会群体对自己所属的群体成员有高度的内群体信任时,他们会倾向于维护自己群体的利益、荣誉和地位,从而表现出内群偏好。

内群偏好会降低一个社会群体对其他不同的群体成员的外群体信任,因为他们会认为其他不同的群体成员是威胁、敌对或不可靠的,从而表现出外群歧视。从社会比较的角度来看,社会比较是指一个社会群体对自己所属的群体和其他不同的群体在某些维度上进行评价和对比,以获得自己群体的社会身份和自尊。社会比较是内群体信任和外群体信任的动机,也是内群偏好和外群歧视的原因。当一个群体及成员对自己所属的群体有高度的内群体信任时,他们会倾向于在有利于自己群体的维度上进行社会比较,以提高自己群体的社会身份和自尊,从而表现出内群偏好。社会比较也会影响一个社会群体对其他不同的群体成员的外群体信任,因为他们会倾向于在不利于其他不同的群体的维度上进行社会比较,以降低外群体的社会身份和自尊,从而表现出外群歧视。

第三节

群体信任的功能

信任能让个体、群体和社会都获益,从而在进化、人际互动和社会交往中一直存在。群体信任能维护和实现个体与群体利益,让其在心理与现实层面都获益。

一、克服不确定性

群体信任能克服不确定性,减少焦虑,提升幸福感。卡罗尔·海默(Carol Heimer)把信任看成社会关系中的行动者应对"不确定性和脆弱性"的方式。不确定性是指对未来或不确定事物的缺乏知识或预测能力,它是人类生活中普遍存在的现象。不确定性会导致人们感到焦虑、恐惧、压力等负面情绪,也会影响人们的决策和行为。群体信任是一种应对不确定性的有效方式,它可以降低不确定性带来的风险和成本,也可以增加不确定性带来的机会和收益。信任可以帮助人们在不确定性下建立正面的评价和期待,也可以帮助人们在不确定性下采取合作和创新的行动。这种不确定性以风险的形式具体呈现。不确定性一方面表现在信任的判断中,依据有限的信息来选择是否信任;另外一方面体现在选择信任之后的结果不确定。信任增加了个体对不确定性的容忍,对个体的本体安全感和幸福感提供了保障。

二、简化

群体信任作为一种社会复杂性的简化机制,有简化复杂的功能①,其有助于维持基本的社会秩序。社会的秩序是一种简化复杂世界的状态。在建立秩序的过程中,信任是重要的工具之一,因为它可以对人们的行为进行控制,使得人们的行为更为确定。巴伯(Barber)认为,在社会控制中,信任虽然只是一个工具,但它是无处不在和重要的元素。如果权力要发挥充分的或最大的效果,信任则必须存在于其中。当信任存在时就有经验和行动增加的可能性。信任的功能就在于它给予我们在场的理解感,减少了复杂性,并且使我们能够处理这种复杂性。复杂性是核心问题,因为人们无法获得足够多的资源来处理每件事情。简化功能是指信任可以降低社会交往的复杂性和不确定性,一方面体现在使人们能够更有效地处理信息和决策,减少对他人或事物的审查、监督、验证等行为,节省时间和资源;另外一方面,因为复杂性,个体在某些事情上必须依赖他人作为代理人,此时信任简化功能体现为,在信息不充分或者时间有限的情况下,人们可以快速地对外群体及成员建立信任关系,从而在短时间内实现合作或交易的过程。

无论是在社交活动、商业活动还是在政治活动中,简化功能可以有效地减少信息不对称和交易成本,可以帮助不同群体的人们在短时间内建立信任关系,从而促进有效的合作和交流。

三、凝聚整合

群体信任具有凝聚整合功能。信任是来自各类群体成员自主自愿的一种互相依赖与托付,它不仅受制于政治经济文化等规范,更是各类群体

---

① 郑也夫.信任的简化功能[J].北京社会科学,2000(3).

成员的自觉自愿,其能激发巨大的主观能动性和强劲的凝聚力。信任可以增强群体的成员之间的联系和统一感,促进群体内部的和谐,提高群体的效率和绩效。信任作为一种情感联系,能激发更多的亲密感、通过依赖与信赖确保群体内部之间的互动、支持、团结、和谐。此时,信任是助推剂。社会互动理论认为,只有当群体之间发生相互依赖的行为时,才存在互动,这些互动通过信息传播产生宏观社会影响,并对特定的社会关系产生微观影响。在社会互动中,个体会参照内群体成员的经验建立互动关系,以他人充分的安全感和善意信念为情感纽带,通过人际互动与合作提高社会效率和社会整合度,从而构建社会资本。因此,群体信任是影响群体凝聚力的核心因素。

群体信任可以增强社会交往的协调性和一致性,使人们能够更有效地处理利益和价值的冲突与差异。群体水平上的信任可以促进社会交往的规范化、制度化、文化化等过程,形成和维持社会秩序和稳定,从而来减少不同群体冲突,促进群体的交融。信任也可以促进社会交往的创新化、多样化、开放化等过程,形成和维持社会变革和发展。群体信任具有整合功能是因为其可以建立在多种基础上,包括共同目标、共同价值、共同利益、共同身份等。在复杂的环境中,群体信任可以作为"胶水"将各种因素整合起来,使得不同的人或组织在共同的目标下协同合作。群体信任的整合功能可以有效地协调不同人、组织之间的利益和行动,促进合作和协同。因此,群体信任也具有维护社会稳定的功能。群体信任不以权力来实行刚性控制,其利用柔性控制来维护社会的稳定和谐。

第四节

群体信任的影响因素

信任是人类社会的基础和润滑剂,它不仅影响着人与人之间的关系,也影响着群体与群体之间的关系。在群际互动的情景下,群体信任是指一个群体对另一个群体的信任程度,它反映了一个群体对另一个群体是否有良好的预期和积极的态度,是否愿意承担与之交往所带来的风险和不确定性。群体信任是一种特殊而重要的信任形式,它不同于个人对个人的信任(人际信任),也不同于个人对组织或制度的信任(机构信任)。它涉及两个或两个以上的集体主体,具有更强的社会性和复杂性。群体信任作为一种心理活动,也受到社会文化和个体的一些心理层面的因素影响。

依据社会心理学中的社会认同理论与群际接触理论,结合有关影响群体信任的实证研究,群体信任的影响因素大致可分为个体层面的社会认同分类与表征、社会认同威胁、群体层面的群际接触水平、依赖和公平、文化差异和制度安排、互动情境和群体地位等。

一、社会分类与表征

社会类别化赋予了个体不同的社会身份,人们在行为表现或决策过程中代表着一个群体的利益,当个体与外群体成员互动时,经常会根据自己和对方的群体身份来推断对方是否值得信任。克拉姆等认为群际互动中对方的社会群体身份信息(内群体/外群体)是一个很重要的线索,可以诱发信任(或不信任)的倾向,不管有没有个人线索,信任(或不信任)行为主要还是受社会群体身份的影响。作为内群体成员,个体对内群体成员的信任高于外群体成员。有学者使用问卷测量群体信任,结果表明不论是边界开放的群体还是边界不太开放的群体,被试对象对内群体成员的信任显著高于外群体成员。实验室情境下关于群体信任的研究也发现,人们更倾向于信任内群体成员。在内群体成员眼中,外群体成员是不值得信任并且是不合作的。汪汇等通过发放问卷研究了上海市居民对社区其他居民的信任,结果显示唤起社区居民的外地身份时会显著减低上海本地居民对其的信任。徐苗和张莘等用内隐联想测验的方法对两个大学生群体之间的群体信任展开研究,结果同样发现被试对象对内群体成员的信任高于对外群成员。

由于社会分类,归属不同群体的个体容易对外群体及其成员产生不信任,但有研究发现,可以通过重新分类,模糊群际边界,让这些原本归属不同群体的个体在另外一个内群体中互相信任。这一方面需要借助共同内群体模型,将归属不同群体的个体嵌套到另外共同认可的其他群体之中,强调个体的双重群体身份认同。比如,将"上海人""武汉人"这样的群体认同转变构建为"中国上海人""中国武汉人",这时个体的内群体内涵与外延得以丰富,通过凸显共同内群体认同来增强群际相似度,从而减少社会认同威胁,促进互相信任。另外一方面,若想改善对非群体成员的态度、增加信任程度,相关研究指出,通过交叉分类可有效降低群际界限的凸显。交叉分类(crossed categorization)是一种认知过程,是指在进行与群体相关的社会判断时,同时在两个或多个类别维度上进行社会分类,形成在多个类别维度上内外群体身份的交叉。这种交叉分类让个体社会分类变得更加复杂,从而可以降低群体间的差异并减少对立。个体或群体成员根据多重社会身份被归类的可能性越大,他(或她)感知到与他人之间的相似性可能就越高,进而对他人的信任可能就越强烈。结合前面的"上海人""武汉人"的例子,在地域身份上可以分为两类,增加一个性别的维度——男与女,这时形成四种交叉群体,"上海女性"与"武汉女性"除了区域身份之外,还可以共享一个女性的群体身份,这样可以稀释一部分不同地域群体差异,达到增强不同区域之间信任的目的。

社会身份是一种社会类别,它是客观存在的,如果要实现共同内群体模型,以重新分类实现双重群体认同和交叉分类,那就需要个体通过社会表征来主动建构自己的群体身份。在现实中,社会表征指个体对某些人或特定群体的表征,其与群体之间的互依性意味着社会生活是一种建构,而不是一种既定的存在体。因此,个体对自己群体身份的主动建构与表征,与其他群体成员共享价值观、观念及实践系统,并影响到对外群体的关系与信任。以往的研究发现,人们对自己社会身份的主观表征方式和程度也会影响对他人的感知和判断,甚至影响人们的群体信任行为。对真实情境下,比如对于国家与国家之间、民族与民族之间群体信任的研究发现,人们对群体身份的表征会影响他们的群体信任行为。

二、社会认同威胁

社会认同威胁是一种群际威胁,是指在社会群体关系中,个体意识到自己所属的社会群体处于不安全或受到威胁的情境,感受到自己或自己所属的群体的身份或价值受到质疑或否定的心理压力,从而引起对这一群体的认同感和归属感的动摇和削弱。社会认同威胁会导致个人的表现下降、自我概念受损、情绪不佳和健康问题。社会认同威胁与社会认同密切相关的概念,当个体通过内外群体的比较,不能从中得到肯定与积极的评价,无法确定自己处于一定的群体、类别或社会范畴时,会产生个体认同的威胁。一般情况下,当社会阶层较低的群体无法满足积极社会认同的需求时便会产生社会认同威胁,此时个体在认知、情感上表现为对自我和所属群体身份的不承认,从而产生一种心理上的疏离感、剥夺感和自卑感。社会认同威胁一般包括四个基本要素,即群体认知、群体态度、群体行为和群体疏离感。群体认知是群体中成员将自己归为该社会群体,共享群体的价值;群体态度是群体成员用一种悲观、颓废的心态来评价本群体的一切,对本群体的地位、文化、习俗、规范等产生自卑感,有时甚至会感到耻辱;群体行为表现为群体成员隐瞒自己的该群体的身份;群体疏离感则是群体成员不愿意与该群体的其他成员接近,希望与该群体的其他成员保持一定距离。这四个基本要素中群体态度是社会认同威胁的核心要素,群体认知是其形成的基础,群体疏离感和群体行为是其在情感和行为上的体现。社会认同威胁最终产生三种结果:脱离群体、改变群体的状态、接受消极的社会认同结果。

社会认同威胁会影响信任。在群际环境下,群体信任本质上是内群体对外群体成员拥有的积极态度。内群体的信念、价值、特征受到外群体的威胁,会极大伤害到内群体多数成员的自尊水平,内群体成员则通过诋毁外群体来维持内群体的自尊,从而影响到内群体对外群体的积极态度。因此,社会认同威胁影响群体信任的产生和维系。一旦内群体成员感到内群体的现实利益、文化和价值观以及内群体自尊受到威胁时,会更多对外群体产生消极的态度与感情,比如偏见、焦虑与不信任,并可能做出损害外群体的行为。刘华发现群体成员在受到来自外群体的社会认同威胁时,其对内群体的信任水平显著上升,而对外群体的信任水平却显著下降。里克(Riek)通过问卷调查研究美国大学中不同群体学生之间的群体信任,结果显示当某群体的学生感知来自另一群体学生的威胁时,会降低该群体的学生对另一群体学生的信任。

三、群际接触水平

在最优条件下,不同群体之间的接触程度会影响人们对外群体成员的信任程度。从直接群际接触上看,卢国显在北京市海淀区考察了两个大群体之间的接触对其信任的影响,发现两个大群体之间的信任程度随交往频次的增加、交往范围的扩大、交往强度的增加而增加。也就是说,接触程度越高,人们对外群体的信任程度也越高。有研究发现,外群体的简单暴露效应(mere exposure effect)可能也会影响人们对外群体成员的信任程度,也就是说,多看多接触能让内群体对外群体更加熟悉,从而彼此产生好感与信任。

间接群际接触也会对群体信任产生影响。莱特等提出拓展的群际接触概念,它是间接群际接触的一种表现形式,其基本思想是只要人们身边的内群体成员有外群体朋友,他们就可能形成积极的外群体态度。作为一种间接的群际接触形式,想象群际接触的基本观点是,即使只是让人们想象与外群体成员接触的情境,也可以改善其群际态度和行为。想象的群际接触需要人们在心理上模拟与外群体成员的社会互动,想象与外群体成员积极的接触经历,这种接触形式会缩短人们与外群体成员的社会距离,改善其对外群体成员的态度。

具体到群体信任的相关研究,刘阳等研究发现,增加群际接触的质和量都能在一定程度上减少面孔识别的本族效应,但是接触的质比接触的量更能影响本族效应的幅度[①]。刘红丽通过实证研究发现,想象积极群际接触可增强维吾尔族大学生和汉族大学生之间的信任,过程中并不需要面对面,只需要大学生在头脑中想象与其他非本民族成员进行积极友好的交流与互动即可实现,也进一步证实群际接触的数量对群体信任作用不显著,但是群际接触的质量对群体信任有显著作用。

因此,群际接触作为影响群体信任的一个重要变量,各个群体及成员在平等轻松的氛围下无论是直接接触、间接接触或者拓展接触,只要这种接触是积极的并呈现出一定的质量,个体有卷入其他群体交往的个性化经验与体验,甚至有跨群体的友谊出现,群体信任就会增强。

四、依赖和公平

相互依赖和公平正义是影响群体信任的重要因素之一。相互依赖是指两个或多个群体之间存在着相互需要、相互影响、相互制约的关系,它反映了不同群体之间的互动程度和方式。公平正义则体现两个或多个群体之间存在着公平合理、符合规范、满足期望的分配和交换关系,它反映了不同群体之间的利益分配和权利保障。这两个要素在不同的社会背景下通过影响群体之间的关系、满意度和承诺度来影响信任。

相互依赖可以影响不同群体之间的合作和竞争关系。根据相互依赖理论,当两个或多个群体之间存在着高度的相互依赖时,这些群体便会倾向于采取合作而非竞争的策略,以实现共同利益的最大化。相反,当两个或多个群体之间存在着低度或负向的相互依赖时,这些群体便会倾向于采取竞争而非合作的策略,以实现自身利益的最大化。合作关系可以增

---

① 刘阳,孙秀玲,李红等.维吾尔族大学生面孔识别的本族效应:群际接触的影响[J].心理科学,2014(3).

强不同群体之间的信任和友好感,而竞争关系则会削弱不同群体之间的信任和友好感。

公平正义可以影响不同群体之间的满意度和承诺度。根据公平正义理论,当两个或多个群体之间存在着公平正义的分配和交换关系时,他们倾向于对彼此产生更高的满意度和承诺度。相反,当两个或多个群体之间存在着不公平、不正义的分配和交换关系时,他们倾向于对彼此产生更低的满意度和承诺度。满意度和承诺度可以增强不同群体之间的信任和忠诚感,而不满意度和不承诺度则会削弱不同群体之间的信任感和忠诚感。

相互依赖和公平正义可以相互影响和调节。根据整合模型,相互依赖和公平正义是两个相互作用的因素,它们共同影响着群体信任的形成和维持。一方面,相互依赖可以影响公平正义的标准和要求,如高度的相互依赖可以促进群体之间采用更为平等和互惠的分配原则,而低度或负向的相互依赖将会促使群体之间采用更为自利和竞争的分配原则。另一方面,公平正义可以影响相互依赖的结果和反馈,如公平正义的分配和交换关系可以增加群体之间的相互满足和相互奖励,而不公平不正义的分配和交换关系则会激化群体之间的相互失望和相互惩罚。

相互依赖和公平正义是影响群体信任的重要因素之一,但这种影响并不是简单或直接的,会受到多种因素的影响和调节。不同类型或形式的相互依赖和公平正义可能有不同的影响效果,如合作性或竞争性的相互依赖,分配性或程序性的公平正义等。此外,不同情境或背景下的相互依赖和公平正义也可能有不同的影响效果,如历史、文化、制度等因素可能影响群体之间的相互依赖和公平正义的感知和评价。要全面理解相互依赖和公平正义对群体信任的影响,需要考虑相互依赖和公平正义的多样性和复杂性。

五、文化差异和制度安排

文化差异和制度安排是影响群体信任的重要因素之一。文化差异是指不同社会或国家（地区）之间存在着不同的价值观、信念、规范、习俗等方面的差异，它反映了不同群体之间的文化特征和差异。制度安排是指不同社会或国家（地区）之间存在着不同的政治、法律、经济、教育等方面的制度和规则，它反映了不同群体之间的制度特征和差异。

文化差异可以影响不同群体之间的信任观和信任行为。根据跨文化研究，不同的文化具有不同的价值取向和行为模式，这些差异可以影响不同群体之间的信任观和信任行为。例如，个人主义文化倾向于强调个人利益和自由，而集体主义文化倾向于强调群体利益和责任；权力距离文化倾向于强调等级和服从，而平等主义文化倾向于强调参与和协商；不确定规避文化倾向于强调秩序和安全，而容忍模糊文化倾向于强调变革和创新；男性气质文化倾向于强调竞争和成就，而女性气质文化倾向于强调合作和关系；长期导向文化倾向于强调未来和规划，而短期导向文化倾向于强调现在和享受，等等。这些文化差异导致不同群体之间在信任的定义、标准、方式、程度等方面存在差异。

制度安排可以影响不同群体之间的信任环境和信任机制。根据新制度主义的相关研究，不同的制度可以影响不同群体之间的信任环境和信任机制。例如，民主制度可以提供更多的公开透明、参与表达、监督问责等机会，创造不同群体之间的信息交流、利益协商、权利保障等条件，促进不同群体之间的信任和支持感；法治制度可以提供更多的公平正义、契约履行、纠纷解决等保障，从而降低不同群体之间的风险成本、冲突风险、欺诈风险等障碍，增加不同群体之间的信任和合作感；市场制度可以提供更多的竞争激励、效率优化、创新驱动等动力，实现不同群体之间的资源共享、利益均衡、价值创造等目标，增加不同群体之间的信任和共赢感。

文化差异和制度安排可以相互影响和调节。根据动态模型，文化差异和制度安排是两个相互作用的变量，它们可以相互促进或抑制群体信任的发展。例如，民主制度可以促进个人主义和平等主义的文化价值，从而增加群体信任；而集体主义和权力距离的文化价值可以抑制民主制度的建立和运行，从而降低群体信任。因此，要提高群体信任，就需要考虑文化差异和制度安排之间的相互作用和匹配程度，以及它们对群体信任的综合影响。

六、互动情境和群体地位

根据社会交换理论（Social Exchange Theory），人们在与他人交换时会考虑交换的成本和收益，以及交换的公平性和互惠性。如果交换的收益大于成本，且交换的双方都认为交换是公平和互惠的，那么就会增加信任感和合作意愿。相反，如果交换的成本大于收益，或者交换的双方之一认为交换是不公平或不互惠的，那么就会削弱信任和合作意愿。因此，要提高群体信任，就需要增加交换的收益，减少交换的成本，并尽量保证交换的公平性和互惠性。

根据合作性质的不同，可以将不同群体之间的交换分为两种类型：竞争型交换（competitive exchange）和合作型交换（cooperative exchange）。竞争型交换是指双方都试图从对方那里获取更多的利益，而不考虑对方的利益。这种交换通常是零和的或负和的，即一方的收益等于或小于另一方的损失。竞争型交换会导致双方之间产生信任问题，从而增加冲突和对抗。合作型交换是指双方都试图实现共赢或多赢的结果，即双方都能从交换中获得利益。这种交换通常是正和的，即双方的收益之和大于零。合作型交换会增进双方之间的信任，从而增加协作和谅解。

根据竞争程度的不同，可以将不同群体之间的环境分为两种类型：竞争型环境（competitive environment）和合作型环境（cooperative environment）。竞争型环境是指资源稀缺或有限，群体之间存在利益冲突或目标不一致。这种环境会激发群体之间的竞争心理和行为，从而削弱群体之间的信任和合作意愿。合作型环境是指资源充足或无限，群体之间存在利益一致或目标共享。这种环境会激发群体之间的合作心理和行为，从而强化群体之间的信任和合作意愿。

个体所感知到的群体地位的影响不容忽视，同时，个体对群体地位的评价也会影响群体成员的群体信任。在社会中,群体的话语权和利益分配十分关键。如果群体利益分配不公平,群体间的信任关系就会受到破坏。在激烈的社会竞争中,处于高地位的群体通常拥有更多的话语权和资源,而处于低地位的群体则相反。当资源分配不平等和资源差距激化时,安全和稳定就会受到影响。如果高地位的群体占有更多的资源,他们就会要求获得更多的利益。这时,低地位的群体在选择合作伙伴时会优先考虑高地位的群体。但是,高地位的群体会担心他们的生活方式、经济地位和话语权等受到低地位群体的冲击,从而进一步扩大资源占据优势,低地位的群体便可能会因此遭遇非公正的待遇。因此,在高地位群体成员向低地位成员提供帮助时,低地位群体有时会拒绝其提供的帮助,群体利他或互助行为受群体地位的影响而失去了原本的社会意义。一项针对以色列国内两大群体之间的信任和对其提供帮助时的反应倾向的调查研究表明,低地位群体对高地位群体的信任越高,对互助行为的反应也越积极,从而更容易建立信任关系①。

群体地位的比较会影响个体的自我认同。在群体间比较的时候,对于低地位群体成员的歧视,更有可能会降低其自尊,也就说群体地位通过社会认同的比较而影响到个体自尊,导致其对外群体的不信任。而较高地位的群体成员则不会存在这种现象。

综上所述,影响群体信任的因素有多种多样,有来自宏观背景下的社会环境和制度安排,有来自群际环境下的群体地位,也有来自个体社会认同中的心理机制。这些要素相互作用,共同塑造了群体内外之间的信任感和合作意愿。在现实中,需要根据具体的情境和目标及群体信任的特点选择合适的策略和方法,来提高群体信任和合作。

---

① Halabi S, Dovidio J F, Nadler A. When intergroup helping helps intergroup relations: The moderating role of trust in the outgroup[J]. *Journal of Experimental Social Psychology*, Vol. 95, 2021.

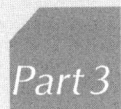

第三章
群体认同影响信任的一般机理

第一节　群体认同与信任的逻辑一致性
第二节　群体认同以群际接触影响信任的机制
第三节　社会认同威胁与群体认同影响信任的机制

群体认同是在一定的时空系统中人们历史活动的过程和产物,是在时间变化中的认同。随着历史的发展,人们的交往范围不断扩大,人们的社会身份越来越多元,带着不同文化背景和身份的人们不断互动,信任问题就接踵而至。信任在互动中产生,是基于过去对未来的推断。群体认同与信任紧密相连,并互相影响。

第一节
群体认同与信任的逻辑一致性

信任是以过去推论未来,以熟悉推论不熟悉[①]。所有类型的关系的建立和维持都要以信任为基础。缺乏信任也会破坏和摧毁所有的关系[②]。这种信任鼓励人们基于有限信息,作出信任判断,开展积极的社会互动,这既是积极的开始,也为风险的化解提供了一种保障[③]。

在群体水平上的认同与信任互为条件、相互促进。认同是信任的心理基础与前提,认同可以促进信任;反过来,信任是认同的本质和结果,基于认同的信任,也最能体现出群体之间的真正信任关系。

一、信任是群体认同的本质体现

美国人类学家亚当斯(Adams)提出来"我群意识"(we group

[①] 郑也夫.信任论[M].北京:中信出版社,2015:105.
[②] [美]亚历山大·温特.国际政治的社会理论[M].秦亚青,译.上海:上海人民出版社,2000:282.
[③] 肖灵.民族团结如何应对现代性断裂的挑战——以族际信任作为理论工具的考察[J].中南民族大学学报(人文社会科学版),2020(2).

consciousness)或"内群体意识"(ingroup consciousness)概念。他认为,这种个人与集体的一体感来自日常或者周期性接触过程中的亲缘、地缘及其他事实,是共同的利益感、经济需要和友谊的联结,以及心理上对群体的依附。在这种小群体规模下,信任不是问题,只有遇见非我群者时,信任问题才浮现出来。信任从熟人社会到陌生社会,也就是从内群体接触到更多外群体时才有可能会发生。在传统社会,人与人以家庭、血缘为纽带交往,信任不是问题。因为我们有共同血缘,居住在相同的地域,共享相同的文化与价值,只有当遇到有差异的"他者"时,我们才会强化对自己所属群体的认同,才会产生信任问题。

在很多语境里,认同与信任是同义词。但是涉及不同群体关系时,群体之间的信任与群体认同之间是存在逻辑关系的。在前工业社会里,每个人都与特定的一群人保持着"血溶于水"的"我群关系"。而信任成为一个问题恰恰是在社会从"机械团结"向"有机团结"的转变过程中产生的。换言之,随着社会分工日趋复杂,人们形成涂尔干意义上的相互依赖时,原先那种"我群"或者多少有"我群意识"那样的共同体已经渐渐在他们的生活中失去其重要性。一个人的交往不再局限于之前的群体,而是要面对全然陌生的人。这样的环境对个体而言是有风险的。信任别人并获得别人的信任便成为杜绝这种风险的方法。

在群体的情景里,他者意味着不信任。建构认同就是在建构"他者",群体信任自然被关注并成为一个问题——因为"他者"即不被信任者或者难以被信任者。梁启超曾提出,"对他而自觉为我""非我族类,其心必异"。在同一个群体内部不会出现信任的问题,只有当外群体出现时,信任问题才会出现。但是,群体之间的不信任不一定代表敌意与冲突①,在多民族国家中,不同民族之间和平相处、互相信任、美美与共也是可能的。

认同源自差异,源自边界,认同一旦形成也会强化差异。此时,信任便是群体认同的本质。群体性现象的本质就是信任的问题。在"我群意

---

① 范可.信任、认同与"他者":族群和民族省思[J].广西民族大学学报(哲学社会科学版),2013(6).

第三章 群体认同影响信任的一般机理

识"下,群体内没有信任的问题,只有遇见非我群者时,信任问题才浮现出来。也就是说,当信任作为一种感觉出现在有着"我群意识"的群体成员的脑海中时,必定是遇见了"他者"。最初的群体意识实际上就是对"他者"的不信任,这种不信任感在"种族中心主义"中得到极大的表现。换句话说,在群际情景下信任水平高,群体认同本身就不会成为一个问题,彼此互相接纳、积极评价并互相帮助,呈现出一种高信任的状态,这种状态接近内群体成员之间的情感状态,这时候群体认同自然不再是一个问题。

社会认同理论解释了陌生人之间的信任是基于群体成员身份的群体刻板印象或内群偏好的功能。所谓内群偏好,是指人们通常对陌生人持有良好的看法,但期望从群内成员那里得到比从群外成员那里得到的更好的待遇。因此,信任是群体认同的本质,因为它是建立群体归属感和区分自我与他人的基础。只有当个体对他人有足够的信任时,他们才能形成共享的社会认同,并根据这种认同来调整自己的态度和行为。

为了形成和维持群体认同,个体需要对他人有足够的信任。当个体与他人或群体建立了信任关系时,就意味着他们有了共同的目标、利益、规范等,对外群体及其成员有了积极预期,从而增强了他们的群体认同感。信任是社交互动中至关重要的组成部分,对个体和群体都具有许多好处。当个体感到受到来自群体成员的信任时,他们会感到自己是群体中不可或缺的一员,从而提高自尊和自信。信任还创造了一种来自群体的支持和尊重的感觉,可以增加个体的归属感和满足感。信任也帮助个体在与他人互动时降低不确定性和风险,从而带来积极的预期和结果。这反过来又可以促进群体成员之间的沟通、合作和协作。信任也可以帮助个体识别和接受他人的群体认同,从而增加自己的社会认同感。此外,信任还可以促进个体和群体之间的情感交流和价值共享,加深他们之间的情感联系和价值认同。通过调节和协调个体在不同社会群体中的多重社会认同,信任还可以帮助个体避免或减少潜在的冲突和矛盾。

总的来说,信任通过提高自尊、归属感,积极预期,改善沟通和合作,增强社会认同感,情感交流和价值共享以及减少冲突和矛盾等来强化个体的群体认同。

二、群体认同是信任的心理基础和前提

群体信任作为一个心理学概念,强调个体对内外群体及成员愿意冒风险的积极意愿与行为倾向。这个心理状态的实现是基于信任的,即群体认同是信任的心理基础和前提。

在群际环境下的信任有以下特点:在两个或者多个群体之间的群际互动中,才会存在群体信任;群体水平的信任不同于人际信任,不依赖对方的人格特质,是由群体成员所属的社会身份决定的。也就是说,你我归属不同的社会群体,容易产生不信任。群体水平的信任是由群体认同的心理基础决定的,内群体成员对内群体的认同产生内群体偏好,包括积极的评价与情感依附、行为上的合作等,进一步导致内群体成员对内群体更加信任,对外群体成员更加不信任,以满足其个体自尊的需要。相比外群体成员,内群体倾向于信任内群体成员,排斥或诋毁外群体成员。人们对外群体的消极情绪,是由其内群体的优先对待引起的,而不是因为外群体成员的直接敌意所驱使的。当一种"我们的"内群体认同形成时,信任就产生了。因此,群体认同是信任的前提和心理基础。

按照社会认同理论,泰弗尔把社会认同定义为"人们对他属于某些社会群体的知识,同时对他的群体成员身份(group membership)赋予某些情感和价值上的重要性",社会认同是群体成员的自我概念,从认知的角度来看,社会认同的形成过程就是将内群体身份融入到自我概念之中。基于自我类别化的心理过程,个体一旦将自己归属为某个群体,社会认同便凸显出来,比如人们在奥运会期间大多只关注自己国家运动员的参赛情况。此时,个体积极体验了社会认同的过程,从情感上的卷入到行动上的关注甚至产生自豪感,如果自己国家的运动员获得金牌,会通过自我增强的心理过程,在增强自尊或现实利益的动机下会进一步强化自己群体身份。此外,个体也会对内群体的成员有积极的评价,比如发出"我们中

第三章　群体认同影响信任的一般机理

国人就是棒"的感叹。同时，个体还会表现出更多信任行为，支持中国运动员或购买国产品牌的运动服饰等，从而呈现出从认知分类到积极情感评价，再到行为与态度的一致性。

个体倾向于与那些与自己有共同特征或价值观的人建立群体，并通过提升群内的相似性和群外的差异性来增强自己的自尊。个体的社会认同也影响了他们对他人的信任。一般来说，个体更容易信任那些与自己有共同社会认同的人，而对那些与自己有不同或对立的社会认同的人持有怀疑或敌意。信任容易产生于有"共有观念"的个体之间，因此强化群体认同，让群体成员共享身份和文化价值，相依存、同呼吸、共命运，在这种认同的心理机制下，通过自我分类、自我增强、社会比较，将群体成员这个身份整合到自我概念之中，靠着身份与文化价值同质性和"我们"的情感纽带实现认同，从而来维持不同群体之间的信任。

社会认同不仅是一个理论，也是一个过程。就群体认同来说，一个人一旦出现把自己分类为某群体的意愿，"我是群体的一员"便成为自我概念的一部分，在群体发展的现实利益和维持个体自尊需要的动机下，这个人自然会对群体开始认知，进而将这种认知发展为对群体的积极评价，并不做违背群体文化价值与规范的事情。此外，基于社会比较，这个人会把该群体与其他群体分开，强调内外群体之间的差异，增强同属内群体成员之间的相似性，比如共同的命运、共同的发展目标、共同的群体文化等。他对内群体成员也会有积极的评价与态度，行为上也更倾向于内群体成员。此时，个体通过社会认同的心理过程来增强自信。

群体认同是建立群体信任的前提。个体只有对自己所属的群体有认同感和归属感才会对群体成员产生信任感，从而建立群体信任。群体认同对信任的形成和维持具有重要作用。群体认同能够促进个体之间的沟通和交流，增强彼此之间的理解和信任，从而形成和维持群体信任。群体认同的程度与群体信任的强度有关。群体认同程度越高，群体信任也越强。群体成员的认同感和归属感越强，就越容易形成紧密的群体关系和强烈的群体信任。群体认同对群体决策和行为具有指导作用。群体成员的认同感和归属感会影响他们的决策和行为,从而影响群体的发展和运作。当群体成员具有高度的群体认同时,他们更容易达成共识、协作共赢,从而促进群体的发展和繁荣。

因此,群体认同是建立群体信任的前提。个体只有对自己所属的群体有认同感和归属感,才会对群体成员产生信任感,从而建立信任。

三、信任是群体认同的现实必然

群体认同与信任之间的关系通常包括两个层次:第一,因为不同群体成员归属不同的群体,对各自群体身份的认同影响对内外群体之间的信任,按照前面所述的相关理论与研究,对内群体的认同强,对外群体的信任弱;第二,人们的身份具有复杂性,每个人拥有不止一种群体身份,群体身份不同的两个人,可能在另外一个更具包摄性的群体中却属于一个内群体,对这个更具包摄性的群体身份认同,必然将原来属于外群体的成员归为"自己人"。按照社会认同理论,内群体成员有内群偏好必然会产生信任。这种信任来自群体内部,是内群体成员对自己群体的信任,属于内群体信任。内群体与外群体互动时,个体会根据双方所属或认同的群体身份来推断外群体成员的信任程度[1]。如果内外群体对自身归属的另外一个更高层的群体越认同,就会越偏好内外群的所有成员,也就更容易产生彼此之间的信任。因此,信任是群体认同的必然结果。

在群际水平上,信任是群体认同的结果,我把你纳入同一个社会群体,我跟你是一家人,所以我会对你有积极评价,信任你,如果你跟我分属不同的群体,我会对你有偏见,不信任你。这个过程依靠两个方面来实现。

一方面,对群体的认同引发对群体的内群体偏好。人们在与外群体成员的接触互动中,因为只对自己的文化与习俗熟悉,而对外群体文化习

---

[1] Foddy M, Platow M J, Yamagishi T. Group-based trust in strangers: The role of stereotypes and expectations [J]. *Psychological Science*, Vol. 20, No. 4, 2009.

俗不熟悉,所以会产生内群体对外群体的优势感,因此更容易产生对外群体的不信任。在个体之间的互动中一般会出现这样的假设:如果我不信任他,那么他也一定不信任我。在群际水平上的互动中一般也会出现与在个体之间的互动中的相类似的假设:我们就是我们,因为他们不是我们。在这种心理机制下,认同意味是身份的认可,并赋予情感,付诸行动,主动把同一群体的成员看成"自己人",喜欢内群体的人,相信内群体的人,并愿意合作。此时,内群体成员之间能否建立起信任,不仅是一种理性选择,也反映个体自尊的需要和情感归属需求。

另一方面,对群体的内群体偏好必然导致信任。"对外群体缺乏信任"可以被认为是一种特殊形式的内群体偏好。英斯科(Insko)的实验表明,无论是在合作条件下还是在竞争条件下,群际关系背景下的人比个体间关系背景下的人表现出更多的竞争行为。据此,英斯科进一步提出了群体图式的概念。群体图式可解释刻板印象,尤其是元刻板印象。元刻板印象是个体关于外群体成员对其所属群体所持刻板印象的信念,更多认为群际关系本身是竞争性的,外群体是不可信任的,内群体是可信任的而且其利益是必须维护的。比如,对群体认同使成员之间相互信任,形成凝聚力的同时有利于整合资源、促进经济合作,为经济发展提供精神动力[1]。群际关系的竞争根源是人们对外群体的不信任,而信任与不信任是内群体偏向的结果,而不是原因。

合作和相应的信任出现在一个群体形成之后,基于个体的自我分类,信任将自动地与内群成员而不是外群成员相关联。这种信任及其情感仅局限于内群体成员之间,很可能是一种"社会习惯"特征的社会交互作用的体现,对此,目前学界尚无定论。信任是群体认同的结果和表现,呈现出现实必然性。当个体有了明确和强烈的群体认同后,他们就会对那些与自己有相同或相似的群体认同的人表现出更高水平的信任,而对那些与自己有不同或对立群体认同的人表现出更低水平的信任。

---

[1] 陈辉.从差异性到共同性:中华民族共同体认同形成的内在逻辑[J].西北民族大学学报(哲学社会科学版),2018(4).

第二节

群体认同以群际接触影响信任的机制

不同群体及成员之间的接触会影响到他们之间的信任。群际接触（跨群体接触）与信任之间的关系并非是一成不变的，它受到多种因素的影响和制约。根据接触假说，在最优条件下，积极群际接触会更容易产生信任。在研究群际接触如何对群体信任产生影响时，群体认同是其中的一个重要相关变量。

一、群际接触影响信任的机制

群际接触对信任有重要的影响，具体体现在接触类型、接触质量、接触频率和接触情景。不同的接触类型对信任的影响有所不同。接触类型包括直接的、面对面的、间接的、虚拟或想象的、媒介介入的等。一般来说，直接的、面对面的、虚拟或想象的接触更有利于提高信任水平，因为这些类型的接触可以提供更多的信息和反馈，增加更多的亲密度和相似度，激发更多的情感和共情。

接触质量描述了不同社会群体之间的交流和互动的内容和特征，其中包括友好的或敌对的、合作的或竞争的、平等的或不平等的等方面。不同的接触质量对信任的影响也可能有所不同。通常情况下，友好的、合作的、平等的接触比敌对的、竞争的、不平等的接触更有利于提高信任水平，因为前者可以减少冲突和威胁，增加互惠和支持，强化正向和一致性。

就不同社会群体之间交流和互动发生的次数和持续时间而言，它可以是经常性或偶然性的，可以是短暂的或持久的，也可以是表面的或深入的等。不同的接触频率对信任的影响也可能有所不同。一般来说，经常性的、持久的、深入的接触比偶然性的、短暂的、表面的接触更有利于提高信任水平,因为前者可以增加更多的熟悉度和信赖度,减少更多的误解和偏见,建立更多的互惠和承诺。

接触情境描述了不同社会群体之间交流和互动发生的环境和背景,包括正式的或非正式的、公开的或私密的、自发的或安排的等方面。不同的接触情境对信任的影响也可能有所不同。通常情况下,非正式的、私密的、自发的接触比正式的、公开的、安排的接触更有利于提高信任水平,因为前者可以提供更高的自由度和舒适度,增加更多的个性化和真诚度,激发更多的兴趣和乐趣。

群际接触对信任的影响具有效果的泛化性。个体与一个外群体成员进行积极互动之后,对整个外群体的评价也更多呈现出积极的特点,而且群际接触的积极效应会延伸到别的领域,具有次级传递的特点,也可以传递到未与外群体接触的本群体成员之中。这种积极效应不仅存在于接触的群体成员,也存在于未进行接触交往的群体。同时,群际接触具有不对等性。有研究指出,在一定的群际接触之后,处于高地位群体的转变水平高于处于低地位群体的转变水平。群际接触尤其是直接接触,使群体间的接触交往有较多的交流基础,有助于减少偏见甚至可以形成友谊。经过泛化、次级传递,内群体成员个体对外群体成员正向的接触经验与效应,不仅可以扩展到该个体对整个外群体的积极效应,也会扩展到该个体所属的内群体。

具体来说,群际接触影响群体关系与信任的心理机制,主要体现为三个方面[1]:一是增进了解,通过交往接触习得新知识来修正对外群体的负面的认知,改善群体关系。二是与外群体互动交往,非常容易引发焦虑,焦虑又会进一步减弱信任。内群体个体与外群体进行一次成功互动后,将不再感到恐惧害怕,会减低群际焦虑水平,促进信任。三是产生共情。共情是一种积极情感,群际交往促进了个体对内外群体差异的了解,并有

---

[1] Pettigrew T F. Intergroup contact theory[J]. *Annual Review of Psychology*, Vol. 49, 1998.

助于其对这种差异进行积极理解,有时甚至可以产生跨群体友谊,个体更容易从外群体成员的视角理解对方,从而触发其更多的信任与支持性行动。群际接触通过"认知重新评估—降低焦虑不安—激发共情—积极情感"这一心理过程来促进信任。内外群体成员之间通过接触与交往才可能相互了解,进而达到理解,最终实现相互尊重和包容,并且彼此逐渐接纳与欣赏。

二、群体认同促进信任的桥梁作用

就简单暴露效应而言,接触越多、接触越深,对群体信任的促进作用就越明显。群际接触主要包括质量与数量两个方面:群际接触的质量表现为个体与外群体交往是否平等,深度水平和体验是否良好;群际接触的数量是指个体与外群体接触的人数及频率[1]。

群际接触不一定引发群际积极情绪。很多研究证明,群际接触可能引发更多的群体偏见与敌意。在真实的群体关系中,群际接触是否能促进群体信任取决于一个重要变量的作用发挥与否。群际接触作为个体应对群际威胁的策略,必须以个体对其内群体的高度认同为前提,个体的群体认同水平对其群际接触有显著的影响作用。黄晓琳对不同身份认同类型的新生代农民工的研究发现,群际接触与外群体信任在身份认同与文化适应中具有链式中介作用[2]。程淑华等发现,内群体认同作为中介变量,群际接触通过内群体认同对外群信任有稳定的间接作用。因此,可以认为群体认同是群际接触与群体信任之间的重要中介变量。

跨群体接触中,通过社会认同影响信任的机制的表现主要有以下几

---

[1] Amir Y. Contact hypothesis in ethnic relations[J]. *Psychological Bulletin*. Vol. 71, No. 5, 1969.

[2] 黄晓林. 不同身份认同类型新生代农民工社会文化适应比较:群际接触和外群信任的链式中介作用[D]. 沈阳师范大学硕士论文,2019.

种：第一种，跨群体接触可以改善个体的社会认同复杂度，即改善个体对自己和他人所属的多个社会群体的认知，使其更能够看到不同群体之间的相似性和多样性，从而增加对外群的信任；第二种，跨群体接触可以改善个体的社会认同内容，即改善个体对自己和他人所属的社会群体的特征和价值的认知，使其更能够接受和支持外群体的利益和诉求，从而增加对外群体的信任；第三种，跨群体接触可以改善个体的社会认同强度，即改善个体对自己所属的社会群体的依赖和承诺程度，使其更能够超越自身利益和团体利益，从而增加对外群体的信任。

基于群体认同的桥梁作用，不同群体的交往接触能引发信任。不同群体的接触与交往，必须通过群体认同才能真正建立信任。在现代更加多元、流动性大的风险社会中，人们更迫切需要构建"自己人"的概念，希望借助"拟亲化"将陌生人拉入自己的信任范围之内。"拟亲化"是一个让陌生人融入内群体并产生认同的过程，在不断接触中，原本模式下的不同群体成员感知到彼此的相似性越来越高，对其他群体的了解也越来越多，这使得群际焦虑降低，并进一步产生共情，改善内群体群体认同的边界和强度，扩大了群体信任。

第三节 社会认同威胁与群体认同影响信任的机制

个体将自己所属内群体与外群体进行比较，当发现外群体更具优势并处于积极位置时就会产生积极社会认同，相反则会产生社会认同威胁。不同群体在声望、地位和拥有资源方面存在千差万别，一个群体及成员无法总能获得满意的评价和地位，当某个群体在比较中处于劣势地位时，便会产生社会认同威胁，影响信任。

一、社会认同威胁对信任的影响

社会认同威胁从社会认同中衍生而来。整合威胁理论(Integrated Threat Theory,ITT)指出,人们对于外来群体的威胁感和对该群体的信任感是密切相关的。在该理论中,威胁被定义为对自身安全、福利或价值的实际或想象的侵害的可能性。人们会对来自外来群体的威胁感到担忧,这种威胁感可能是基于实际的威胁的,也可能是基于对威胁的想象的。人们对外来群体的威胁感和对该群体的信任感是相互关联的。人们对外来群体的威胁感和对该群体的信任感之间存在一种平衡关系,这种平衡关系被称为"威胁-信任平衡"。如果人们感到外来群体对自身构成的威胁较小,他们将更容易对该群体产生信任;反之,如果人们感到外来群体对自身构成的威胁较大,他们将更难以对该群体产生信任。一些研究发现,当个体遭受社会认同威胁的时候,会显著加强对于内群体的信任并显著降低对于外群体的信任。

一般而言,内群体感知的外群体的威胁可以分为两个层次,即现实性威胁和抽象性威胁。现实性威胁指的是对内群体的存在或其社会地位的威胁;抽象性威胁是对内群体的价值观的威胁[①]。一旦内群体感知来自外群体的现实或抽象威胁,并认为这种威胁会对群际关系造成影响,这种感知便会在内群体成员的心理层面上表现为社会认同威胁。社会认同威胁属于一种聚焦群际关系的威胁,关注是个体通过对群体的认同将这种威胁整合到自我概念之中,一旦社会认同威胁发生,个人的认知和情感便会受到影响,激发内心的焦虑感、疏离感、剥夺感和自卑感。社会认同威胁也聚焦于心理作用,具体来说,社会认同威胁会导致内群体发生群际边界模糊,使内群体成员认为与其外群体成员逐渐类似,引发内群体成员对内群体的负面评价和消极感知,破坏内群体的独特性,从而影响到个体的自

---

① Stephan W G, Finlay K. The role of empathy in improving intergroup relations [J]. *Journal of Social Issues*. Vol. 50, No. 4, 1999.

尊水平。

群体信任是由情境刺激决定的个体心理和行为，其也会受到社会认同威胁的影响。一旦个体感受到社会认同威胁，便会表现出强烈的内群体偏好反应，使其对内群体成员更加信任，对外群体的评价和信任更加消极甚至敌对。个体为了摆脱或转化这些威胁所采取的应对策略，由个体的社会流动信念来决定。如果个体认为社会群体的边界是开放的，个体便有可能否认自己的群体身份或者离开自己所属的群体转入其他群体。

社会认同威胁是指个体或群体感觉到的自己的社会身份或群体归属受到质疑或否定的情况，社会认同威胁会影响个体或群体的自尊、信心和行为。社会认同威胁对群体信任的影响具体体现在：第一，影响群体内部的信任。当群体成员感觉到自己的群体地位、价值或道德受到外界的质疑或攻击时，如果个体对该群体认同水平低，则他们可能会对自己的群体产生不满、怀疑或背离的情绪，从而减弱其对群体的认同和归属感，这种情况下，群体内部的信任水平也会下降，因为群体成员可能会担心自己的利益和权利受到损害，或者觉得自己与其他群体成员没有共同的目标和价值；如果个体对该群体的认同水平高，则会更加维护该群体，更加偏好内群体，其内群体信任将增强。第二，社会认同威胁会降低对外群体的信任。当群体成员感觉到自己的群体与外群体之间存在竞争或冲突时，他们可能会对外群体产生敌意、偏见或歧视的态度，从而减弱对外群体的信任和尊重。这种情况下，群体成员可能会把外群体视为威胁的来源，或者把外群体的行为解释为恶意的或不公平的。第三，社会认同威胁会影响信任的修复。当群体之间发生信任危机时，如何修复信任是一个重要的问题。然而，社会认同威胁可能会阻碍信任修复的过程，因为它会增加群体成员对彼此动机和诚意的怀疑，或者减少他们对彼此沟通和合作的意愿。在这种情况下，群体成员可能会拒绝接受外群体的道歉或补偿，或者要求更高的条件和保证。

二、群体认同对社会认同威胁和信任的调节

社会认同威胁由个体的群体认同激活而发生。群体认同是指个体将群体成员身份整合进自我概念的程度[①]。个体对所属内群体的认同程度越高,意味着该内群体对个体自我概念的重要性也越高,可能体验到来自外群体的威胁感就越强,对可能伤害内群体的个体或外群体也越敏感。只有当个体对某一社会群体或类别有较强的认同感时,才会在遇到相关的威胁时感到不安和紧张。如果个体对某一社会群体或类别没有较强的认同感,或者可以切换到其他更有利的社会认同时,就不太可能受到威胁的影响。社会认同威胁是由社会认同比较而引起的。当个体发现自己所属的社会群体或类别在某些重要的维度上与其他群体或类别相比处于劣势时,就会感受到社会认同威胁。这种比较可能是基于客观事实的,也可能是基于主观印象或想象的。社会认同威胁是由群体认同动机而驱动的。当个体感受到社会认同威胁时,他们通常会采取一些应对策略来保护或提升自己的社会认同和自尊,这些应对策略包括:否定或质疑威胁来源的合法性、寻求与内群体成员的支持和团结、强调与外群体成员的相似性和联系、改变或扩展自己的社会认同范畴等。

同一个群体的不同成员面对社会认同威胁时的反应存在差异,各不相同。这种差异更多是源自群体成员对内群体的认同水平的差异。对该群体认同水平低的成员,自我概念中由本群体定义的部分相对少且不重要,由其他群体定义的部分相对多且更重要,因此社会认同威胁不会对他们的内外群体信任产生影响。他们在面对社会认同威胁时的策略便是降低该身份对自我概念的重要性。相反,那些高群体认同水平的成员,群体身份对自我概念具有相当程度的重要性,一旦出现社会认同威胁,会极大影响其自我概念,其对内外群体的信任也会随之被削弱。此外,当两个群

---

① Tropp L R, Wright S C. Ingroup identification as the inclusion of ingroup in the self [J]. *Personality and Social Psychology Bulletin*, Vol. 27, No. 5, 2001.

体拥有共同的群体认同后,它们对彼此群体的威胁感会显著降低[1],信任会增强。因此,社会认同对信任的影响由群体认同来调节,群体认同水平高的个体,在面对社会认同威胁时更维护群体的整体性,肯定内群体的价值,对内群体的信任水平增高,对外群体的信任水平下降。而群体认同水平低的个体,面对社会认同威胁时会背弃内群体,对内群体的信任变弱,对外群体的信任变强。

根据卡斯塔诺(Castano)的研究,社会认同威胁可以分为两种类型:个体层面的威胁(individual-level threat)和群体层面的威胁(collective-level threat)。个体层面的威胁是指外群体对内群体成员个体的价值或能力作出的负面评价或否定,如贬低他们的智力、道德、创造力等。群体层面的威胁是指外群体将内群体成员作为内群体一部分而作出的价值或能力的负面评价或否定,如贬低他们的文化、宗教、政治等。这两种威胁通过个体的群体认同对群体信任产生影响。

个体层面的威胁和群体层面的威胁都会削弱内群体成员对外群体成员的信任,但是两种威胁有不同的机制。个体层面的威胁会增加内群体成员对外群体成员的敌意和偏见,从而削弱其对外群体的信任。假设当一个外国人对一个中国人说:"你们中国人英语说得不好,你们的英语教育太差了。"这样的话会让中国人感到自己作为个体的能力和价值遭到了否定,从而对外国人产生敌意和不信任,个体层面的威胁会使内群体成员感到外群体成员是危险的、不友好的。这种个体层面的威胁会影响到个体的自尊,导致个体对外群体产生不信任。

群体层面的威胁会增加内群体成员对自己群体认同和归属感的需求,从而削弱其对外群体的信任。假设当一个非上海人对一个上海人说:"你们上海人很小气。"这样的话会让上海人感到自己作为群体一部分的身份和地位受到否定,这种威胁可能导致群体成员更加团结一致,从而会

---

[1] Riek B M, Mania E W, Gaertner S L, et al. Does a common ingroup identity reduce intergroup threat? [J]. *Group Processes & Intergroup Relations*, Vol. 13, No. 4, 2010.

对自己上海人的身份更加的认同和维护,积极捍卫上海人的利益和地位,对非上海人产生陌生感和不信任。换句话说,群体层面的威胁会使内群体成员感到外群体成员是陌生的、不相关的。群体层面的威胁更加会通过社会认同来对信任产生影响。研究发现,当群体受到威胁时,群体成员会增强对内群体的认同,以增强群体的凝聚力和信任。这种现象被称为"威胁-团结效应"(threat-cohesion effect)。然而,过度的群体认同可能导致对外群体的敌意和歧视,从而影响不同群体之间的信任。

群体认同让个体将自我意识与群体的地位和成就进行关联,通过与外群体的社会比较,群体成员不仅要追求"我们是好的",而且要追求"我们是更好的",当产生社会认同威胁时,意味着群体及其成员在社会比较中产生了挫败感,会造成内外群体关系紧张甚至敌对,进而产生不信任。因此,在社会认同威胁对信任的影响中,群体认同发挥了调节作用。

第四章
群体认同影响大学生信任的特殊性

第一节　大学生群体认同和信任的现状与问题
第二节　大学生群体信任困难的心理原因
第三节　大学生群体信任的心理前提与基础
第四节　大学生群体认同影响信任的心理机制

当前,拥有多重社会身份的大学生在校园里一起生活、学习和交流。经过长期的历史与社会发展,以及教育的促进与干预,各类大学生群体累积了一定的信任。然而,可以观察到不同的大学生群体在人际互动中的许多被动消极、"自我隔离"的现象。大学生群体的信任包括内群体信任和外群体信任,可以表述为某一群体的大学生与内外群体成员互动时对内外群体成员的行为或意向作出积极预期和愿意承担风险的心理状态。大学生群体有其自身的特点,在群体认同、信任及其互相影响上表现出一定的特殊性。

第一节
大学生群体认同和信任的现状与问题

当代大学生可以说是改革开放以来最受教育、最开放、最多元、最活跃的一代,也是在信息技术革命和全球化的影响下成长起来的一代。大学生本身是中华民族文化与先进科学知识的双重继承者与传播者,可以更好地传承中华文化,促进不同群体的认同与信任。因此,大学生应顺应时代的需求,广泛交往、全面交流、深度交融,建立深层的信任情感,形成为实现中华民族的伟大复兴而奋斗的合力。

一、大学生群体认同的现状与问题

群体认同是指个体对自己所属的社会群体的认知、情感和评价,是个体身份认同的重要组成部分,也是个体社会化的重要标志。群体认同反映了个体与群体之间的关系,以及个体在群体中所扮演的角色。群体认同可以从不同的维度来划分,如种族、民族、性别、宗教、政治、职业等。群体认同对于个体和社会都具有重要的意义。对于个体而言,群体认同可以提供一种自我定义和自我定位的方式,帮助个体建立自信和自尊,满足个体对于归属、安全和尊重的需求。对于社会而言,群体认同可以促进并形成社会凝聚力和稳定性,增强社会成员之间的信任和合作,激发社会成员对于公共利益和公共事务的关注和参与。

大学生是一个特殊的群体,他们处于人生的转折期,面临着多种社会角色和身份的变化,同时也接触着不同的文化和价值观,因此群体认同对大学生而言非常重要。在大学校园中,大学生往往会与同学、学院、社团等群体产生联系,并在这些群体中找到自己的位置。群体认同可以帮助大学生建立起自己的自我概念,即"我是谁",同时也能满足大学生的社会需求,增强归属感和安全感,提升其心理健康水平。

(一)多元群体认同

社会认同理论认为,个体通常会把自己划分到不同的社会群体和人口统计学群体中,这些群体都拥有明显的分类特征,如职业、性别、民族等。尽管个体持有不同的社会角色,但是不同的群体认同对个体的自我概念的意义和重要性是有差异的。在大学生群体中,群体认同呈现出多元化的特点。大学生的多元群体认同是指大学生在不同的社会群体中,基于不同的社会因素和社会关系,形成的多重认同和认同交叉的现象。这种多元群体认同是当代大学生身份认同的重要组成部分,也是大学生社会化过程中的重要表现。一方面,大学生可以根据地域、民族、性别、年级、专业等因素产生认同感;另一方面,大学生受到社会舆论、网络传播、社会运动等外部因素的影响,可能形成跨地域、跨民族、跨专业等多元化的认同群体。大学生的群体认同不仅包括对自己所属学校、专业、班级等子群体的认同,还包括对自己所属性别、民族、国家等上位群体的认同。

大学生可以同时拥有多个社会群体身份,当多种群体认同被激活时,个体对这些认同之间关系的主观表征是不一样的。大学生的多重群体认同可以分为复合式的群体认同（compound group identity）和嵌套式的群体认同（nest group identity），大学生可以同时属于不完全重叠的两个较大群体，如性别和年级，从而形成性别和年级复合式的双重认同。此外，大学生还可以认同较小的下级群体，这些下级群体嵌套在一个更具包涵性的上级群体中。例如，对于大学生来说，中国人是一个更具包涵性的上级群体。在不同的群际环境中，基于独特性或者归属性的需要，大学生会激活不同的上下级认同。例如，当一位中国大学生在国外遇到一位美国大学生时，为了满足自己的归属需要，他可能会强调自己是大学生；而为了突显自己的独特性，他可能会强调自己是中国人。

大学生的多元群体认同还有一种分类，即将大学生的群体认同分为同步性认同和交替性认同。同步性认同是指大学生在不同的社会群体中形成的多个认同之间存在一定的相似性和一致性，如基于年龄、性别、民族等社会因素的认同。而交替性认同则是指大学生在不同的社会群体中形成的多个认同之间存在的冲突和交替，如基于兴趣爱好、职业等社会关系的认同。当代大学生群体认同不再局限于单一维度，而是涵盖了多种不同的维度，如民族、国家、性别、政治、职业等。他们可以同时认同多个不同的群体，形成复合的身份认同。例如，一个大学生可能同时认同自己是中国人、女性、志愿者等。对大学生的群体认同实证调查研究发现，较为重要的群体按照提名数量依次为"大学生""性别""国民""省籍""学校""专业""年龄"和"民族"，但"大学生""性别""国民""省籍"这四种群体认同在大学生自我概念中存在差异。

大学生的多元群体认同与其社会化过程和心理健康密切相关。例如，多元群体认同可以促进大学生的社会适应和自我实现，增强其社会支持和自尊心。但是，多元群体认同也可能导致认同的冲突和不确定性，增加大学生的压力和焦虑。因此，大学生需要整合多重群体认同，以建立更加稳定的自我和更好完成社会化。

（二）融合与冲突并存

随着社会的变革和发展，社会分化和冲突也日益严重。这些社会冲突可能会影响大学生的群体认同，导致大学生出现群体认同问题。在大学生群体认同的过程中，存在融合与冲突并存的现象。融合现象主要表现在大学生对国家、民族、学校等认同群体的认同感不断加强，形成一种积极的向心力；冲突现象主要表现在大学生在面对社会和校园多元化认同群体时，可能产生内心的矛盾和挣扎，导致认同困惑。

大学生的群体认同通常分为内群体认同和外群体认同。群体认同的融合和冲突都可能发生在这两类认同中。

在内群体认同方面，大学生的群体认同可能导致融合和冲突。融合指的是当大学生对自己所属的内部群体有强烈的认同感时，会促进内部的凝聚力和合作性，从而促进整个内群体的发展。然而，当不同的内群体之间存在差异和竞争时，内群体认同也可能导致冲突。一些研究表明，不同专业和不同班级之间的竞争和冲突会对大学生的内群体认同造成负面影响，降低整个内群体的凝聚力和合作性。当大学生对自己所属的专业有强烈的认同感时，他们的学业成绩更好。然而，当大学生对自己所属的班级有强烈的认同感时，他们的学业成绩则更差。这表明，在内群体认同中，班级认同可能会导致一些负面影响，如降低学术表现等。

在外群体认同方面，大学生的群体认同同样可能导致融合和冲突。此时，融合指的是当大学生有强烈的外群体认同时，会促进他们与其他具有相同认同的人之间的联系和合作。例如，大学里有来自各个地域的大学生，当不同地域的大学生对其他地域都有认同时，不太容易产生地域歧视和偏见，他们可能会在文化交流和合作方面取得成功。然而，当不同的外群体之间存在对立和冲突时，外群体认同就可能导致冲突。再比如，在大学校园中，如果男女各自性别认同度高会使得不同性别之间的合作受到限制。一些研究探讨了大学生群体认同的融合和冲突对跨文化交流的影响。当大学生的外群体认同融合时，他们更容易接受来自其他文化的人。另一项研究则发现,当大学生的外群体认同冲突时,他们更容易出现跨文化误解和冲突。

大学生的群体认同是否一定导致融合和冲突,这取决于认同的类型、内外群体之间的关系以及其他一些因素。了解和促进大学生的群体认同融合,有助于提高内群体的凝聚力和合作性,促进与不同群体之间的合作和交流。

(三)个体化倾向

随着社会的发展,人们越来越注重个体的权利和自由,这也带来了一定程度上的个体化倾向。有些大学生可能更加注重自己的个人利益和需求,而忽视了对群体的认同和责任。

个体化倾向是指大学生在群体中表现出的独立性和差异性,反映了其对自己与群体之间关系的态度和选择。个体化倾向可以分为四种类型:自我导向型、社会导向型、混合型和无方向型。自我导向型的个体化倾向是指个体以自我为中心,追求自我实现和自我完善,对群体的规范和期待不太敏感,有较强的创新性和批判性。社会导向型的个体化倾向是指个体以他人为中心,追求社会认可和社会适应,对群体的规范和期待很敏感,有较强的从众性和合作性。混合型的个体化倾向是指个体在自我和他人之间取得平衡,既追求自我实现和社会认可,又能保持自我完善和社会适应,对群体的规范和期待有选择性地接受或拒绝,有较强的灵活性和协调性。无方向型的个体化倾向是指个体缺乏明确的自我和他人取向,没有清晰的目标和价值,对群体的规范和期待没有固定的态度和反应,有较弱的主动性和稳定性。

具有个体化倾向的大学生对群体认同采取一种排斥和拒绝的态度,且在群体认同中有个性化的倾向。个性化群体认同指的是,个人更加重视自己在群体中的个体特征,而不是将自己视为群体的一部分。例如,大学生个体可能更关注自己在某个特定领域的专业知识,而不是将自己视为某个大学或学院的一员;另一种个体化倾向的表现是反对从众。当大学生感到自己的个人观点与群体观点不一致时,他们可能会更倾向于坚持自己的观点,而不是顺从群体的意见。这种反对从众的倾向可能与大学生的个人价值观和态度有关。

大学生群体认同的个体化倾向还表现在他们对多元化认同的追求中。对多元化认同的追求指的是,大学生更加注重自己的多元化身份,例如性别、民族、地域等,而不是只关注某个特定的认同标签。这种个体化的群体认同有助于大学生更好地理解和接受不同的文化、价值观和思想。

（四）动态化和复杂化

当代大学生的群体认同并不固定和确定,而是随着时间、空间和情境的变化而变化的,呈现出动态化和复杂化的特点。他们可以根据自己的需要和喜好,选择性地强调或隐藏自己的某些群体属性,或者创造出新的群体属性。例如,一个大学生可能在不同的场合或与不同的人交流时,展示出不同的群体特征,或者自称具有某种新颖的群体标签。

当代大学生群体认同不再是被动的和顺从的,而是主动的和创造性的。他们可以通过各种方式,如穿着、言语、行为、网络等,来表达和展示自己的群体认同,也可以通过这些方式来影响和改变自己所属或所接触的群体。一个大学生可能通过穿着某种服饰或使用某种语言来表达自己对某个群体的认同,也可能通过这些方式来吸引或排斥其他人对该群体的认同。比如,一个大学生将自己认同为"牛杂",这是对"社恐"与"社牛"在不同情景中转化的一种创造性认同,体现了当代大学生群体认同的主动和创造性。

群体认同深受政治、经济、文化等多重因素的影响。随着社会转型和发展,大学生群体从"天之骄子"转变为"知识民工",其群体价值和地位发生了变化,并对于其身份产生了迷茫和偏离。此外,随着信息技术和网络社群的高速发展,多元文化不断交融与冲突,新兴消费文化和消费观念快速更迭,大学生对群体认同表现出抗拒、融入、偏离等态度,使得大学生群体认同出现前所未有的复杂性。此外,每个大学生面对自身群体身份的多元性其忍耐度存在差异，也是群体认同复杂性的另外一个表现。根据罗卡斯（Roccas）与布鲁尔提出的社会身份复杂性理论（Social Identity Complexity Theory），大学生对多重身份的容忍可以将其认知和表征的形式分为四类：第一类，交集（intersection）表征，保持这种认同取向的大学生倾向于将多种社会身份及认同简化为一种单一的、排他的身份，将自己界定为多种身份的交集，不具备交集的人被视为外群体成员。例如，根据性别和地域界定身份的南方女大学生认为其他南方女大学生都是内群体成员，男大学生和其他北方大学生都是外群体成员。第二类，主导型（dominance）表征。一位以性别为主导社会身份的南方女大学生认为所有女大学生都是内群体，而其他男性大学生则是外群体成员。第三类，区分化（compartmentalization）表征，有多重身份的大学生在不同的情境下倾向于觉知自己的不同身份。以上面为例，在家庭环境中，女儿、姐姐等身份对她而言非常重要；在社会场景中，大学生的身份对她很重要。这些不同的身份或者说角色相互之间是兼容的。第四类合并（merger）表征，具有这类表征的大学生倾向于将自己的认同建立在所有身份总和的基础上，例如，此南方女大学生将所有的男大学生和北方的大学生也认定为内群体成员。区分化表征与合并表征被认为是高复杂性社会认同。因此，一个大学生对待多重群体身份的觉知和表征使得其群体认同呈现出动态化和情景化的特点。

（五）外显与内隐群体认同分离

内隐群体认同和外显群体认同是群体认同的两种类型，描述了个体对自身所属群体的认同程度和表现形式。内隐群体认同是个体在内隐层面上对自我归属于某一群体时的认知、情感、行为方面的体验和控制。外显群体认同则指的是个体公开或明确地表达对自己所属群体的认同。[①] 这种认同可以通过言语、行为或标识符号等方式表现出来。内隐群体认

---

① 朱佳丽，吴宪，贺雯. 高职生的内隐和外显群体认同研究[J]. 教育生物学杂志，2017(3).

同与外显群体认同不同,不被经常主动表达出来,而是随着个体与群体的互动逐渐形成的。内隐群体认同在个体的行为和态度中不会明显地表现出来,但对个体的思想和行为仍然会产生潜在的影响。根据特纳等的社会认同理论,内隐群体认同是群体认同的核心,而外显群体认同是在特定情境下的表现形式。

大学生的群体认同存在外显与内隐两种状态,两者存在一定程度的分离,表现出不一致与矛盾性。这种分离表现为大学生即便主观报告对某群体呈现出积极的态度,但就内心深处而言,存在一定程度的消极态度。一个大学生可能会在内心深处认为自己是某个群体的一员,但是在公开场合却不愿意表达这种认同,或者表达得不够明显。无论是外显的群体认同还是内隐的群体认同都体现出大学生个体的正向需要,即减少不确定性、维护自尊和提升自我价值。当然,这些正向需要也会随着具体的情景而变化。

二、大学生群体信任的现状与问题

当前我国正处于社会转型的关键阶段,高校仍处在高等教育大众化后的重要转型期,大学生又处于非成年向成年过渡的人生成长转型期。以上三种不同质的转型相互叠加,使高等教育办学过程中出现了许多价值理念方面的问题。大学生群体信任是国家稳定、社会和谐、大学生精神回归和校园和谐人际关系的需要。大学生是一个特殊的社会群体,大学生相对社会人来说,具有一定的基本信任。他们作为某一种群体身份成员对自己所属的内群体和外群体都需要建立一种信任。这种群体信任可能导致大学生对内群体的过度维护和偏好,对外群体成员产生盲目、轻率和冒险行为,降低他们对外群体成员的警惕和防范,抑制他们对外群体成员的批判和评价。

（一）对内群体的信任更高

大学生在校园里形成了各种各样的正式或非正式的组织,如班级、社团、兴趣小组等。这些小组织对大学生的学习和生活有着重要的影响,也影响了他们对内外群体的信任态度。大学生往往会对内群体的成员,如同班同学、老乡、社团成员等,建立起更高的信任度。这是因为他们拥有共同的背景、兴趣、价值观等,更容易建立起彼此之间的相互信任和支持。可以看到,不同大学生群体的信任是基于共同兴趣、价值观念和目标的,大学生们往往会通过参加社团、组织或者团体等形式建立起群体认同,这种群体认同并非源自外在规范与压力,比如政治认同,而是来自大学生的内在驱力和可觉知到的相似性,因而表现出对大学各种内群体的信任。

(二)对外群体的信任程度不同

大学生对外群体的信任程度可能会因群体属性不同而有所不同。例如,他们会对他校学生、社会组织、企业等外群体的成员保持较低的信任。究其原因在于同学、老乡、社团成员等内群体成员之间有共同的学习和生活经历,更容易建立起相互信任和支持的关系。而对于其他校学生、社会组织、企业等外群体的成员,大学生可能缺乏相互了解或了解的机会,因此对他们的信任程度较低。也可以看到,大学生对群体的信任除了要有相关的群体身份之外,还需要在时间沉淀中积累的信任基础和情感上的依恋,如共同的生活体验等。即便对方来自一个相对可信的外群体,缺少信任基础,缺少相互了解或了解的机会,缺少情感上依恋,也难以对其产生信任。

(三)以社交建立信任

大学生在社会身份上存在着一致性和同一性,这些身份如青年、大学生、中国公民等,帮助他们在不同的场域中共同生活、共同学习,各种虚拟社群的发展也在很大程度上促进了他们在现实和虚拟空间中的社会交往。大学生通常具有较高的社交资本,即通过社交网络所拥有的社会资源和关系,包括信息、支持、信任等。在大学生群体信任中,社交资本的作用尤为重要,它可以促进彼此之间的相互了解、信任和支持,从而提高群体的凝聚力和稳定性。在当代社会,网络技术和社交媒体为大学生提供了更多的社交渠道和平台,作为使用网络平台最活跃的青年群体,当代大学生更善于用网络技术和社交媒体来增加和维护自己的社交资本。当大学生群体利用社交媒体软件进行自我展现与各种互动,并从中获取某种程度的社会资本后,会提升其幸福感与自我认同感。通过社交资本可以促进成员之间的相互信任和支持,从而提高大学生在不同群体中的凝聚力和稳定性。

（四）情感信任多于认知信任

情感信任是个体基于对他人的情感依赖和关心,表现为对他人能给自己带来积极利益的信心,这种信心更多来自社会互动。认知信任则是基于对某人过去的表现和可靠性的评估,表现为对他人保有的一种符合自身利益的理性的行为预期。情感信任和认知信任都是大学生群体中的重要信任形式,具体哪种信任占据主导会因情境和群体的不同而有所差异。在大学生群体中,情感信任通常是比较主要的信任形式。这是因为大学生处于一个年轻、充满活力和充满激情的阶段,他们更容易与他人建立情感联系和感情纽带。同时,大学生也更加注重个人关系和人际交往,情感信任可以增强彼此的关系和凝聚力,从而促进群体整体的发展。

在专业领域或需要高度专业知识和技能的任务中,认知信任也会成为大学生群体信任的主要形式。例如,在研究生领域或是某些科研项目中,大学生需要与他人建立起对专业知识和技能的信任,才能够有效地完成任务并获取成果。

（五）易受个体经验的影响

信任是以过去预测未来,个体在建立信任时,通常会依赖以往的互动经验,如先前接触时所获得的固定印象等。如果个体对群体互动的前景持乐观态度,那么就更容易产生较积极的信任感知。有研究指出,学生身份群体较易受到当下信任伤害的影响,会因为对方的一次信任背叛而破坏信任,不再自愿合作。个体对社会群体的信任是由平时所积累的信任经验决定的,对特定人物或事件的信任经验影响着个体对其信任的水平及回应的行为方式①。有些研究还发现,相对于来自低信任水平地区的个体而言,高信任水平地区的个体更容易对他人产生信任感。因此,大学生的信任经验会影响群体信任的生成与建构。

三、大学生群体信任的特点

按照发展心理学的相关理论,自我认同和寻求亲密为大学生在该发展阶段中的心理任务。大学生缺少社会经历,在相对封闭的环境中生活、学习,校园内群体之间利益冲突较少,在信任上也呈现出一些特点。

(一) 不平衡性

群体信任是一种主观上的判断、愿望与倾向。大学生在个体交往或参加社会互动时,各自带着不同的群体身份。归属不同群体的大学生的交往是一种增加熟悉与了解、化解陌生感的行为。熟悉不能等同于信任,但是熟悉是信任的前提。很多调研发现,不同的大学生在个体交往或社会生活等层面的互动中都更偏好来自相同地域、同一个社团、同一个班级或宿舍的成员,这与群体信任的相关理论假设是一致的——对内群体及其成员的信任水平要高于对外群体及其成员的信任,这也是大学生群体信任不平衡性的一个体现。

大学生群体信任的不平衡性也体现在差异化的信任与不信任并存中。不同群体的大学生在社会交往中有积极的意愿也有一定频率的交往。一些针对大学生的调查发现,大部分大学生有与其他群体交往的需求,表现出跨群体交往的积极意愿,交往态度积极。积极的互动意愿与交流经验,对大学生群体信任有极大的促进作用。也可以看到,不同大学生

---

① Robbins, Blaine G. From the general to the specific: How social trust motivates relational trust[J]. *Social Science Research*, Vol. 55, 2016.

群体在公共空间中交往并在共同的学习任务中建立了一定程度的群体信任,然而,这种积极交往与群体信任更多是浅层或常规水平上的,即便在虚拟空间或在线社交平台上有很多互动或点赞,其深层次的群体活动也依然较弱,缺乏深层次的情感互动,存在一些心理距离,跨群体友谊——验证群体信任的一项重要指标仍然处于低位。此外,群体不信任也存在于不同的大学生群体之间。比如,不同的大学生群体虽然在校园中共同生活、学习,但在绝大多数的时间和空间中,仍然存在着明显的"我们"和"他们"之间的藩篱,表现出较强的圈层化。圈层化的现象通常是基于各种因素形成的,如兴趣爱好、专业背景、经济条件、地域等的差异,从而使大学生的社交圈出现了封闭。在圈层化下的各类大学生群体之间并没有到达一种理想的信任状态,封闭的群体使得群体边界的可渗透性降低,从而导致其他群体大学生很难真正纳入"自己人"的范围,无法实现真正意义上的交流与交融。在与大学生的访谈中发现,在认知上,大部分受访大学生在公开场合都表现出对其他群体的信任,愿意结识更多的朋友,在实践环节中也能组成小组一起完成任务,但是涉及个体情感层面时大多数受访大学生的互动就明显偏少了。缺少情感信任,信任便流于表面,无法真正体现在日常行为上。情感信任会强化"自己人"的认知,从而对自身在群体中地位予以肯定与理解。根据西蒙(Simon)的地位-贡献理论[1],个体对自己在群体中地位的肯定会引发更多为群体贡献的行为。虽然都是大学生,但是由于自身生长背景和生活方式等差异使得个体间缺乏交流,其根本原因在于文化差异,文化差异导致思维方式、价值观的不同,因此引起了相互之间的猜忌、误解,从而呈现出对其他个体的消极态度,无法消除不信任,对大学生群体信任产生了消极影响。群体信任的不平衡性,意味着在促进大学生群体信任上需要消除不信任或者提升现有的信任水平,信任并不意味着消除不信任,消除不信任要比增强信任困难得多。

---

[1] Simon H A. *Administrative Behavior: A Study of Decision Making Processes in Administrative Organization* [M]. New York: Free Press, 1976.

（二）不对称性

大学生群体信任主要表现为对内外群体的信任，这当中既包括内群体成员之间的信任，也包括对外群体的信任。就互相信任的双方来看，无论是在群体内部，还是在群体外部，其信任程度都呈现出不对称性。首先，这种不对称性体现在时间差上，因为信任激发的行为一般是滞后的，承诺与兑现之间存在一种时间差。其次，信任者与被信任者之间存在某种不对称性。信任本身是一种连续谱，存在程度的强弱，理想的群体信任状态是双方彼此信任、双向并具有一定强度的。但现状是，大学生群体信任更多表现为"我这样信任你，但是你没有像我信任你一样信任我"，或者"你不信任我，我更不信任你"。相关实验研究发现，大学生群体信任局部呈现出较强的不对称性。最后，这种不对称性也体现在信任与不信任之间转化的不平衡上。信任不是一个一元性的概念，信任转化为不信任相对不信任转化为信任要更容易。这也表明，在大学生群体信任的培育中，除了要培育更多的信任来消解不信任之外，还需要保护并维持大学生的群体信任。

大学生群体信任的不对称性是群体信任培育中的一个重点和难点。究其原因，不同大学生群体对同质性强度存在着认知上的差异，大学生个体同属于大学生这个群体，有共同的身份、文化、任务，但大学生个体对于这种同质性与相似性在认知上是不同的，加上个体复杂的心理活动，都会使大学生群体信任随着情境的变化和个体过往的信任经验而出现差异，从而造成群体信任的不对等性。

（三）差序格局

差序格局是一种信任的模式和结构，其最普遍的一种表达就是"两分格局"，把一部分人称为"自己人"，把另一部分人称为"外人"[①]。差序格局

---

① 杨中芳，彭泗清. 中国人人际信任的概念化：一个人际关系的观点[J]. 社会学研究，1999(2).

解决了"信任谁"和"谁应该信任"的问题。福山认为中国、法国和意大利的社会组织都是建立在血缘关系的家族基础上的,是缺乏普遍信任的。2010—2014年世界价值观调查中心抽样选取了2 300人作为调查对象来研究中国的信任状况,其中1 388人认为绝大多数人是可信的,占比达60.3%,据此判断中国社会属于高度信任的社会①。经济学家就信任作为一种合作的倾向发展出了两种观点,其中一种就认为信任是一种优先选择的机制②。基于这种观点,人与人之间的信任就有强度大小和时间先后之分,并从时间顺序反映到空间范围上③,由近及远,由亲及疏,这些表达体现了信任关系的差序性特征。亲缘包含了血缘和姻缘两种关系,其中血缘关系建立的信任相比姻缘关系建立的信任而言更为紧密,由地缘共同体形成的信任也会因地缘的远近而有所差异。因利益共同体建立的信任相对因地缘、族缘的共同体有更紧密的信任。大学生的群体信任也会呈现出更复杂的多元性与差序格局。胡琳丽的调研发现,90后大学生存在熟人信任大于生人信任的"差序格局"模式和对当下的职业群体"中位信任优势"。

大学生的群体信任随着社会的发展也同步发生着变化。比如,不同民族大学生之间的信任关系开始回溯以族类、血缘和宗教为半径的信任,呈现出一种情感上的差序格局,表现为"同民族群体—同宗教信仰—其他民族"为顺序的信任半径。在大学校园中,不同民族的大学生在公共空间互动多,并能认可对方,与对方合作,在认知上赞同并愿意跟其他民族的大学生交往、信任。但是在更加私人的空间里,大学生更愿意选择与自己同民族的个体进行互动。余玲对中央民族大学各族大学生的交往意愿的调查发现,本民族成员是同班级、邻居、朋友和恋人的首选,也就是在深度交往中大学生都偏好本民族成员。不同民族除了偏好本民族之外,对其他民族的社会距离也存在差异。比如,藏族大学生、回族大学生、朝鲜族大

---

① World Values Survey,"World Values Survey Wave 6:2010 - 2014"[EB/OL].(2017 - 04 - 18)[2017 - 10 - 11]. http://www.Worldvaluessurvey.org/WVSOnline.jsp.
② 刘进,翟学伟. 信任与社会和谐:一个研究理路的展开[J]. 天津社会科学,2007(5).
③ 周生春,杨缨. 信任方式的起源和中国人信任的特征[J]. 浙江大学学报(人文社会科学版),2011(1).

学生都对蒙古族大学生有好感,壮族大学生与土家族大学生则互相吸引,家庭所在地在内陆的大学生好友大多集中在哈萨克族、汉族和回族[①]。

此外,大学生在外群体信任方面也存在着一种差序格局。调查发现,大学生一般信任的前三顺位依次为家人、师生、邻居。李富民等认为大学生的信任结构由特殊信任、一般信任和普遍信任构成,呈现出"特殊信任＞一般信任＞普遍信任"的特征:在特殊信任中,家庭成员＞朋友＞老师＞熟人＞邻居＞同学;在一般信任中,专业技术人员＞工人和农业工作者＞科技工作者＞企业老板＞商业服务人员＞自由职业者;在普遍信任中,社会上大多数人＞商人＞陌生人＞网友。

大学生群体信任呈现的这种差序格局,从另一个角度来看也是一种"情感差序"。因为信任程度不同,在心理距离与关系亲疏上体现差异。比如,藏传佛教主要传播于藏族、蒙古族地区,伴随着宗教信仰的认同,在藏族大学生的差序格局里,对蒙古族大学生的好感也是优于其他民族的。不同大学生群体在选择交往对象与人际关系上是根据心理情感密切程度的差序来决定的,而关系的远近也是由群际互动中情感的交流和投入产生的信任来决定的。这种差序格局是现实存在的,但阻碍了群体之间的普通信任的发展与增进。同时也应该看到,大学生群体信任的心理本质不是对该群体单向的接纳或预期,而是包含着对群际比较、"我群"阶层地位的认知,以及建立在社会分层认知基础上的群际距离、心理距离和关系建构。

第二节

大学生群体信任困难的心理原因

群体信任作为对内外群体是否值得信任的感知、判断与决策,其判断

[①] 余玲.中央民族大学大学生社会交往的民族取向研究[D].中央民族大学硕士学位论文,2010.

的主体并非虚无的"群体",而是基于构成群体的个体成员。从这个角度来看,群体信任是由构成群体的个体成员来完成的,实现了个体与群体关系的辩证统一。

在具体情境中,个体通常是根据自己和对方所属的或者认同的群体身份来判断对方是否值得信任的。克拉姆、塔尼斯(Tanis)和波斯特姆(Postmes)发现在群际交往过程中,个体对对方的社会群体的身份的感知(对"我们"的感知)是判断对方是否值得信任的重要标准。而影响这种身份感知的因素也是复杂多样的,如文化、历史观、信念和价值观等,但这些都是群体层面的因素,群体因素必须要通过群际互动情景中的个体的心理因素才能发挥作用。

一、消极刻板与元刻板印象

一个人对于他人或外群体的整体态度,一般认为是由其对他人或外群体的直接刻板印象和元刻板印象来决定的。刻板印象是基于自身或内群体的看法,而元刻板印象需要个体将自身与他人,或将内群体与外群体间的看法从脑海中分离开,以他人或外群体的角度来审视自己。

具体来说,刻板印象是人们对社会群体的特征、属性和行为的一种概括化、固定化的看法与观点,是偏见产生的重要认知因素。在社会认同理论与自我分类理论中,刻板印象会影响对外群体的消极态度。社会认知研究也表明,处于高社会地位的群体可能更容易刻板化地看待其他群体[1]。大学里也存在不同群体之间的刻板印象,影响彼此的交往与信任。解晓娜对南京280名大学生的调研发现,较强的接触意愿更易产生信任,对于来自不同民族的大学生来说,提供外群体积极正面的刻板印象信息

---

[1] Fiske S T. Controlling other people: The impact of power on stereotyping [J]. *American Psychologist*, Vol. 48, No. 6, 1993.

有助于改善群际关系①。比如,汉族大学生存在"汉族大学生相比少数民族大学生学业成绩更好"的学业刻板印象,同时也存在"少数民族大学生在文艺方面比汉族大学生更强"的文艺刻板印象。高承海研究指出,汉族对少数民族持有更多的消极刻板印象,从而导致群际焦虑水平更高,其与少数民族的互动态度就更消极,成为阻碍不同民族大学生信任的因素。孟小红通过调研发现,城市大学生对农村大学生有独立、内向、不善言辞等刻板印象,对农村大学生也存在内隐的消极刻板印象。

在心理学领域,个体推测他人心理的这些心理活动被称为元认知(meta cognition),在元认知研究领域,刻板印象被称为元刻板印象(meta-stereotype)。沃若尔(Vorauer)等②提出了此概念,即元刻板印象是指内群体成员关于外群体成员对其所属群体持有刻板印象的信念或看法。在内外群体关系与情感的研究发现,元刻板印象是一个影响群际关系与群际情绪的重要变量。与刻板印象相比,元刻板印象会对群际关系产生更深刻、更持久的影响。

元刻板印象会通过影响群际情绪、群际认知和群际行为来影响群际关系③。元刻板印象的效价以消极为主。消极的元刻板印象会引发焦虑、愤怒等负性群际情绪④。如果个体认为外群体不喜欢内群体,会加深对外群体的消极归因,群际的反感会增加,负面的元刻板印象会导致与其一致的行为反应。消极元刻板印象与在群际互动中较低的快乐感和高负性情绪预期存在关联。这种消极的影响在一定程度上是由于每个群体都会自

---

① 解晓娜. 元刻板印象信息对汉族学生与维吾尔族学生群际关系的影响[J]. 校园心理,2016(2).
② Vorauer J D, Main K J, O'connell G B. How do individuals expect to be viewed by members of lower status groups? Content and implications of meta-stereotypes[J]. *Journal of Personality Social Psychology*,1998,Vol. 75,No. 4.
③ 贺雯,孙亚文,罗俊龙. 元刻板印象及其对群际关系的作用[J]. 心理科学进展,2014(8).
④ Owuamalam C,Zagefka H. We'll never get past the glass ceiling! Meta-stereotyping, world-views and perceived relative group-worth[J]. *British Journal of Psychology*, Vol. 104,No. 4,2013.

发地认为外群体会对内群体有着消极的看法或印象,或是对外群体高度不信任。多数情况下,个体如果感受到自己被消极地看待,可能唤起个体对消极评价的担忧,进而造成他们对群际接触中表现恰当行为的不确定感。另一些研究也发现,因为被消极看待引起的群际焦虑会影响个体的人际判断以及对群际交往的期待和体验,同时还会促使人们回避外群体成员,降低群际交往频率。

徐璐璐在研究中指出,家庭经济困难大学生元刻板印象兼具消极、积极和中性特征,但以消极特征为主,并且家庭经济困难大学生对自己存在着消极的身份认知。家庭经济困难大学生本人会感知到来自非家庭经济困难大学生的偏见和歧视,家庭经济困难大学生总是怀疑他人对自己存有敌意。这与以往的研究结果一致,弱势群体的元刻板印象大多数是消极的。彭琳提出,减少个体元刻板印象更能消除对外群体的偏见,减少猜疑与不信任。张兰鸽对大学生中的男女群体、免费和非免费师范生等的研究指出,元刻板印象通过群际边界的通透性来影响群体之间的互动与信任。孟小红对来自城市的大学生和来自农村的大学生进行了调研,发现来自城市的大学生有更多积极的刻板印象和元刻板印象,对内群体认同度高,而来自农村的大学生则相反,这样会进一步影响群际关系与和谐。

当一个大学生感知到外群体成员用不同的眼光看待自己所在的群体时,他会从比较中获得一种觉知和判断:这两个群体之间存在差异。积极的元刻板印象有助于个体的群体认同,而消极的元刻板印象则反之。大学生群体的刻板印象与元刻板印象会导致该群体成员产生自卑、胆怯和羞耻感,强化对不同群体的偏见,形成错误的群际感知,而该群体成员在这种错误的群际感知的基础上对群际互动又产生了进一步的、更多的担忧,难建立信任。

二、群际焦虑等消极情绪

群际焦虑是一种发生在群际互动情景中的消极情绪,即当个体与外群体交往时,由于担心消极的心理或行为结果,或者担心被内、外群体成员消极评价而感受到的害怕、紧张、焦虑甚至敌对等不愉快的情绪体验,这种消极的情绪体验阻碍着跨群体互动。史蒂芬(Stephan)提出的群际焦虑理论模型表明,群际焦虑是影响群际互动过程的认知、情感和行为三个方面的结果变量。与外群体成员自发的、愉悦的、合作的、亲近的接触可以降低焦虑。在一些研究中,当优势群体与弱势群体发生互动时,自发的、愉悦的、合作的接触会有效抑制焦虑,从而更容易产生信任。张丽娟等的研究指出,大学生体现出不愿意与外群体交往的特点,认为外群体不友善的占到了调研对象总数的14.4%。高承海等验证了群际焦虑在大学生接触过程中的作用[1]。伊斯兰(Islam)和纽斯顿(Hewstone)的研究证实了焦虑在群际接触中所产生的个体态度起到了一定的群际调节作用。群际焦虑是群际交往过程中产生的消极后果,群际焦虑会表现为与外群体成员交往时产生的忧虑,担心外群体会利用内群体或对内群体持有偏见,以及外群体会挑战内群体的价值。不同大学生群体即便具备互动交往的条件,但是在进一步产生亲近行为时,群际焦虑作为一种消极情绪对群体信任产生了重大的影响。

从某种意义上说,不同大学生群体之间的消极元刻板印象会增加该个体面对群际交往的群际焦虑水平,这种消极情绪的作用下会导致对外群体消极评价与态度,并阻碍进一步深层的交往。

三、接触中情感卷入少

从群际接触的角度,在最佳接触条件下,不同群体之间可以通过接触减少偏见,促进信任。也就是说,一个内群体成员对外群体成员接触的频率越高,范围越广,接触的强度越高,对外群体信任水平就越高。在刘红丽对新疆维汉大学生的群体信任的实验发现,普通的群际接触并未能显

---

[1] Stephan W G. Intergroup anxiety: Theory, research, and practice[J]. *Personality and Social Psychology Review*, Vol. 18, No. 3, 2014.

著提高维汉大学生的群体信任,而维汉之间高个性化接触程度可以有效地改善并提高维汉大学生群体信任。

群际接触水平可分为数量与质量两个水平。群际接触对于改善群际关系,提高群体信任的影响,不仅要考察接触的量,同时也要保证接触的质。群际接触的质量是衡量群际关系的重要指标。斯波尔(Sporer)认为基于目前的研究,更多的接触次数并不能增强内群体对外群体的信任,因为这些研究对接触标准的界定仅局限于接触的次数[1],缺乏对接触质量的深入剖析。杨(Young)等发现普通的接触可能不足以影响内群体效应,但高质量的接触能够减弱内群体效应[2]。一些研究者认为高质量的接触涉及个体已有的卷入外群体交往的个性化经验,并进一步发现个性化经验越丰富,内群体效应的幅度就越小,越会对外群体产生较少的偏见与较强的信任。

高校创造了不同大学生群体之间深入交往的空间与可能,但现实中,这种交往是很有限的,高质量的群际接触更是少之又少。不同群体同学之间的交往常限于一般学习和生活事务,在情感上、在行为偏好上更多选择内群体的同学,跨群体的友谊和恋爱都比较少。究其原因,风俗习惯、文化差异等都造成了大学生群体之间无法深入进行群际接触。而且,在大学生群体内部容易形成各种小团体,其团结度和集体认知程度更高。这种小团体由于缺少与外界交流,有时容易在小团体内部形成与外界的隔阂,一旦受到外界影响便更容易引发群体矛盾。

跨群体友谊是指不同群体成员之间通过互动交往而建立起来的友谊。莱特认为跨群体友谊有助于减少个体与外群体成员接触时的焦虑,预测群际态度。针对莱特的观点,陈晓晨等进一步研究发现,跨群体友谊

---

[1] Sporer S L. Recognizing faces of other ethnic groups: An integration of theories[J]. *Psychology, Public Policy, and Law*, Vol. 7, No. 1, 2001.
[2] Young S G, Hugenberg K, Bernstein M J, et al. Perception and motivation in face recognition a critical review of theories of the cross-race effect[J]. *Personality and Social Psychology Review*, Vol. 16, No. 2, 2011.

都与更积极的外群体态度相关联①。跨群体友谊会激发大学生将其对外群体朋友的积极态度迁移到整个外群体。拥有这种延伸式外群体朋友的人数越多,他们对于整个外群体的偏见也会越少,会更加信任外群体成员。

四、自我分类的单一、固化

一个人可以同时被划分为多种社会类别,这些不同的类别可能互不相干,也可能相互交叠。类别是建立在既有差异基础上的,大学生一旦把自己归属于某个群体,便容易产生内群体偏好,同时伴有对外群体的偏见与敌意。

在实际生活中,哪一种分类水平和维度在情景中凸显,由个体特质和情境因素的共同作用来决定。在校园中,不同群体的大学生享受平等地位,但是其他的一些群体身份很容易成为他们区别不同类别的突出标签,比如城市与农村、贫穷与富有、男生与女生、本科生与研究生等,单一的群体身份很容易出现显著的范畴化,使这种单一的分类在大学生内部演变为某种隔阂,产生彼此的不信任。而且类别一旦形成,个体便会夸大不同类别之间的差异,这种类别将进一步被强化,结果会造成同群体大学生的相似程度及其与外群体的差异程度远比实际情况要高得多。比如,来自不同社团的大学生身上带有性别、年级、专业、女儿/儿子等多种标签。目前在大学生课余的群体交往中,社团身份在交互情景中更多成为突出标签,尤其当有一些资源与学校政策倾向某一类社团时,便突出了不同社团之间的差异,依据社团身份来把自己归属不同群体的倾向会进一步加剧。

社会类别的影响可以弱化。德尚(Deschamps)和多伊丝(Doise)发

---

① 陈晓晨,赵菲菲,张积家.跨民族友谊对民族态度的影响及其作用机制[J].民族教育研究,2018(6).

现,当一种类别(如男性/女性)与另外一种类别(如成年人/未成年人)交织在一起,在一种维度上的两个类别(男性/女性,成年人/未成年人)差异的强化会被另外一个维度上的相似性(如成年男性/成年女性)的强化所平衡[①]。复杂的社会环境通常会导致复杂的社会身份,在多元化的社会中,大学生往往会有高复杂性的社会身份,进而对外群体成员更加包容,群际冲突行为也更少。因此,可适当补充大学生的社会类别来促进其进行多元认同,让其在不同情境下将自己归属到不同的社会群体中以增强信任。

第三节 大学生群体信任的心理前提与基础

大学生群体是一个相对特别的存在,他们在年龄、智力与文化水平上相近,彼此不存在直接利益关系,也恰好都处于价值观、人生观形成的关键时期。在成长过程中,伴随着社会经验的积累,大学生在社会化的过程中逐渐形成了对他人的一些信任。群体信任是一种积极的心理状态和情感,作为面对风险和不确定的积极预期,大学生的群体信任的建立和培育需要一定的心理前提和基础。

群体认同和群体信任都涉及个体与群体之间的心理状态和关系。群体认同是指个体对某一群体的归属感、认可感和自豪感,表明了个体与群体之间的心理联系和情感依附。群体信任是指个体对某一群体的信赖感、安全感和满意感,表明了个体对群体的期望和评价。群体认同和群体

[①] Binder J, Zagefka H, Brown R, et al. Does contact reduce prejudice or does prejudice reduce contact? A longitudinal test of the contact hypothesis among majority and minority groups in three European countries[J]. *Journal of Personality and Social Psychology*, Vol. 96, No. 4, 2009.

信任都是动态变化的、可建构的。

从层次上来看,大学生的群体认同和群体信任可以分为个人层面、亚群体层面和超群体层面。个人层面是指大学生对自己作为一个独立个体的认同和信任,涉及自我认识、自我评价、自我尊重等方面;亚群体层面是指大学生对自己所属的具有某些共同特征或目标的小型群体的认同和信任,如班级、社团、兴趣小组等;超群体层面是指大学生对自己所属的具有广泛影响力或代表性的大型群体的认同和信任,如学校、民族、国家等。

从类型上来看,大学生的群体认同和群体信任可以分为认知型、情感型和行为型。认知型是指大学生对某一群体的知识、理解和判断,如对群体的特征、价值、目标等有清晰的认识;情感型是指大学生对某一群体的情绪、态度和倾向,如对群体有亲近感、喜爱感、尊重感等;行为型是指大学生对某一群体的行动、支持和参与,如对群体有忠诚度、合作度、责任度等。

一、群体认同为心理前提

当某个群体成员面对外群体或外群体成员时,信任还是不信任,这是一个难题。在个体水平上,我们会依据对方的人格特质来选择是否信任对方。当不同大学生群体互相交流,在决定信任与否时,群体身份成为一个重要的标签。此时信任是面对外群体及成员的一种积极心理预期,只有在个体感受到对方和自身同属于一个群体时,双方便有了共同的身份、共享的文化与价值观、共同的利益与未来,此时才有可能信任。因此,要想真正实现大学生的群体信任,不同大学生群体应突破原本归属不同群体的边界,构建共同内群体认同。

群体认同是大学生群体信任的心理前提,没有对一个共同内群体的认同,信任只能成为一个没有依托的口号,容易走向虚化。通过构建更大、超大的内群体认同,以认知表征的形式,将两个群体(我群与他群)表征为一个新的群体（我们群），打破原有两个群体的边界,增强群际相似性,弱化差异,凸显相似性,各群体的大学生才能感知他们统一的认同感,从而彼此更加信任。以上海大学生中的某个湖北籍大学生为例,他对湖北籍大学生的信任会受到其对湖北人认同的影响。如果他对湖北人这一身份的认同度高,自发地信任他所遇到的湖北大学生,并愿意进一步交往和合作,也很难对非湖北籍的大学生产生信任。但是,他可以通过构建新的一个内群体身份认同,如对上海大学生这一身份的认同,通过一个新的群体认同来弱化他和非湖北籍的上海大学生之间的差异,产生对非湖北籍上海大学生的信任。

对于个体而言,通过群体认同来构建信任通过两个层次来实现:一是个体通过寻找"我"与"我群"之间的相似与差异来获得"自我认同",从而获得一种独特性和唯一性;二是个体通过寻找"我群"与"他群"的相似与差异来获得社会认同,从而获得与大多数相同的一致性和同一性。个体会在这两个层次之间寻找平衡来获得"我们感"。

概括地说,群体认同有助于建立群体内部的共性,会进一步提升群体成员对相似性与共性的感知,从而促进信任的产生和发展。

研究表明,当个体认同某一群体时,相对于外群体成员,他们往往更倾向于信任该群体内的成员,因为他们认为这些成员具有相似的价值观、信仰和行为方式。群体认同可以降低成员间的不确定性和风险感知,而信任是一种抵御不确定性和风险的有效因素,从而提高彼此的信任度。

此外,群体认同的过程有利于共享资源、信息和支持,从而促进群体成员之间的合作。合作是群体信任的核心要素之一,因为它要求群体成员相信其他成员会为集体利益做出贡献。群体认同能进一步维护群体信任。当群体成员对其他成员的行为产生怀疑时,他们会基于群体认同来寻求解释和理解。这种认同可以缓解潜在的信任危机,其提供了一种解释成员行为的方式,从而维持群体的稳定和凝聚力。

二、自尊为联结桥梁

自尊是指个体对自己的价值和能力的评价,是对自我的一种态度,可分为个人自尊和集体自尊。个人自尊基于个体的特质和成就,而集体自尊则基于个体所属的群体的特质和地位。自尊会对个体的态度和行为产生影响,并对信任有明显的正向预测作用。群体认同的核心动机包括个体的自我概念和自尊。相关研究表明,当个体的自我概念中的积极成分与群体的重要特征越趋近一致,个体就越会强烈地感受到自己作为群体成员的独特性和归属感。这种感受有助于个体对该群体形成认同,并更积极地参与到该群体的活动中。

群体信任是指个体对群体内部或外部其他成员的信任态度。自尊与群体信任之间存在着复杂的关系,一方面,自尊可以影响群体信任,另一方面,群体信任也可以反过来影响自尊。自尊可以直接影响群体信任,即自尊水平越高,群体信任水平也越高。这是因为自尊水平高的个体更有自信和安全感,更容易相信他人的善意和诚实,也更乐于与他人建立良好的关系,自尊在群体认同和信任之间起中介作用。

自尊也可以间接影响群体信任,即通过社会认同和社会比较的过程,影响个体对内外群体的评价和态度。社会认同中,个体将自己归属于某一社会群体,并认为自己具有该群体成员的普遍特征。社会比较则是个体评价自己所属群体相对于其他群体的优劣、地位和声誉。个体通过实现或维持积极的社会认同来提高自尊,积极的社会认同源于内群体与相关的外群体的有利比较。

因此,自尊水平高的个体更倾向于认同内群体,并且在与外群体比较时更有优势感,从而增强了内群体信任和外群体不信任,而自尊水平低的个体则相反。

群体信任也可以影响自尊,即通过增强或削弱个体对自己和所属群体的评价和情感来影响自尊。根据社会交换理论,当个体在与他人交往的过程中获得正向的回报(如赞扬、支持、合作等)时,他们会感到满意和快乐,并且提高对自己和他人的评价;而当个体在与他人交往的过程中遭受负向的回报(如批评、拒绝、冲突等)时,他们会感到不满和沮丧,并且降低对自己和他人的评价。因此,当个体在内外群体中获得了高水平的信任时,他们会增强对自己和所属群体的正向评价和情感,从而提高自尊。个群体信任的水平也会受到群体效应的影响,即群体认同和群体地位对个体自尊的作用。群体认同是指个体对自己所属群体的归属感和认可度,群体地位是指个体所属群体在社会中的相对位置和声望。根据一项针对大学生的研究,群体认同在性别和生源地上存在差异,女大学生和来自农村的大学生的群体认同水平高于男大学生和来自城市的大学生;群体地位在年级和专业上也存在差异,高年级和理工科专业的大学生的群体地位水平高于低年级和文科专业的大学生。这些差异会影响个体的自尊水平,进而影响他们对内外群体的信任水平。例如,女大学生和来自农村的大学生由于对内群体有较强的认同感,可能会对内群体成员有较高的信任度,而对外群体成员有较低的信任度;而高年级和理工科专业的大学生由于对内群体有较高的地位感,可能会对内外群体成员都有较高的信任度。

除了前文论述的群体认同、自尊对信任有正向预测作用外,群体认同也能通过自尊对信任产生影响。群体认同通过群体地位对群体成员的自尊产生影响。因为群体认同能引发个体的自我评价,评价是群体地位的关键要素,也是自尊的核心组成机制[①]。积极的群体认同能提高成员的自尊水平,自尊水平高的人在人际交往中比较主动、自信,更容易获得别人的信任。因此,自尊在群体认同对信任的影响中发挥了桥梁作用。

---

① Brockner J. *Self-Esteem at Work: Research, Theory and Practice*[M]. Lexington: Lexington Books,1988.

三、合理化的社会认知

用社会认同理论很难解释个体会表现出违背自身和所属群体内部利益的行为。比如,女性可能会接受他人对女性持有的负面刻板印象,组织中的无权者更认可该组织中权威者的合法性,弱势群体可能会对外群体产生更强烈的偏好,等等。为了解释此类现象,学者约斯特和巴纳吉将其解释为制度正当化,并进一步提出了系统合理化理论(System Justification Theory)[①]。系统合理化理论认为,当个体同时感受到内群体认同和外群体认同时,可能会出现认知失调现象,尤其是对于弱势群体成员而言。这是因为弱势群体成员在接受外界对内群体的消极评价时,会内化这些评价并认可对外群体的积极评价,从而减弱对内群体的认同感。为了提高内群体认同感,弱势群体成员可能会积极寻求新的比较依据,以改善内群体的评价。相反,优势群体成员则会内化外界对内群体的积极评价,增强对内群体的认同感。也就是说,个体会倾向于接受和顺从预定的群体分配,这种顺从可能产生内、外群体认同,并对弱势群体成员产生认知失调的影响。

对于大学生群体而言,系统合理化理论也有一定的适用性。大学生群体是一个特殊的社会群体,他们处于一个相对封闭的社会环境中,同时也受到外部社会环境的影响。大学生群体中存在着不同的群体划分,如学习成绩、家庭背景、专业等。这些群体划分可能导致大学生群体中出现不同程度的社会不平等现象,如资源分配、机会获取、权利享有等方面的差异。这些差异可能引发大学生群体中的信任危机,如对自身能力、他人善意、社会公正等方面的信任缺失或削弱。

认知失调是指个体在面对不一致的信息或信念时产生的心理不适。为了减少这种不适,个体会采取一些策略来调和认知失常,其中之一就是

[①] 陈晓晨,赵菲菲,张积家.跨民族友谊对民族态度的影响及其作用机制[J].民族教育研究,2018(6).

自我合理化。自我合理化是指个体为了保持自己的信念或行为的正确性，而对不一致的信息或信念进行解释、辩解或否认。自我合理化动机是指个体为了维护自己的自尊和自我形象，而对自己的能力、行为、态度等进行正面或负面解释的心理倾向或内部驱力。这种动机可能影响大学生对自己所属群体的内部信任，也可能影响大学生对其他群体的外部信任。如果个体采用正面的自我合理化策略，例如归因于外部因素、降低期望水平、提升自我价值等，那么他可能会增强对自己所属群体的内部信任，因为他认为自己和同伴都是受到不公正待遇的或不利环境的牺牲者，而不是能力或品德不足的失败者。同时，他可能会降低对其他群体的外部信任，因为他认为其他群体是不公正或不友善的竞争者或敌人。如果个体采用负面的自我合理化策略，例如归因于内部因素、提高期望水平、贬低自我价值等，那么他可能会降低对自己所属群体的内部信任，因为他认为自己和同伴都是能力或品德不足的失败者，而不是受到不公正待遇的或不利环境的牺牲者。同时，他可能会增强对其他群体的外部信任，因为他认为其他群体是公正或友善的竞争者或伙伴。

群体合理化动机是指个体为了维护自己所属群体的正面评价和地位，而对群体的特征、行为、态度等进行正面或负面解释的心理倾向或内部驱力。这种动机主要影响大学生对其他群体的外部信任，也可能影响大学生对自己所属群体的内部信任。如果个体采用正面的群体合理化策略，强调自己群体的优点和其他群体的缺点，从而提升自己群体的相对优势，那么他可能会降低对其他群体的外部信任，因为他认为其他群体是不值得信赖或尊重的。同时，他可能会增强对自己所属群体的内部信任，因为他认为自己群体是值得信赖或尊重的。如果个体采用负面的群体合理化策略，接受其他群体对自己群体的负面刻板印象，从而降低自己群体的期望水平，那么他可能会增强对其他群体的外部信任，因为他认为其他群体才是公正或合理的。同时，他可能会降低对自己所属群体的内部信任，因为他认为自己群体是不值得信赖或尊重的。

系统合理化动机是个体为了维护社会系统的公正性和合理性，而对社会制度、规范、价值等进行正面或负面解释的心理倾向或内部驱力。这种动机主要影响大学生对社会系统的信任，也可能影响大学生对自己所属群体和其他群体的信任。如果个体采用正面的系统合理化策略，认为社会制度是公平和必要的，从而支持现有的社会秩序，那么他可能会增强对社会系统的信任，因为他认为社会系统是有效或有利的。同时，他可能会增强对自己所属群体和其他群体的信任，因为他认为社会系统能够保障各个群体的利益或权利。如果个体采用负面的系统合理化策略，认为社会制度是不可改变和无法逃避的，从而服从现有的社会秩序，那么他可能会降低对社会系统的信任，因为他认为社会系统是无效或有害的。同时，他可能会降低对自己所属群体和其他群体的信任，因为他认为社会系统不能够保障各个群体的利益或权利。

一般来说，正面的合理化策略可以增强大学生对自己所属或所支持对象（如自我、本群、社会系统等）的信任，而削弱大学生对其他对象（如他群、竞争者、敌人等）的信任。负面的合理化策略则相反，可以削弱大学生对自己所属或所支持对象的信任，而增强大学生对其他对象的信任。这些影响可能会对大学生的心理健康、学习成绩、人际关系、社会适应等方面产生积极或消极的作用。因此，对于弱势群体成员而言，合理地选择和使用合理化策略是非常重要的，可以帮助他们减少认知失常带来的心理不适，同时提高他们对自己和社会的信任水平，促进他们的个人发展和社会融入。

第四节

大学生群体认同影响信任的心理机制

大学生的群体信任是由构成群体的大学生个体来完成的，实现了个体与群体关系的辩证统一。克拉姆、塔尼斯和波斯特姆发现在群际交往过程中，个体对对方的社会群体的身份的感知是判断对方是值得信任的重要标准。在具体情境中，大学生通常是根据自己和对方所属的或者认同的群体身份来判断对方是否值得信任的。这其中涉及如文化、宗教、历史、信念、价值观等多方面的差异，但是群体层面的因素必须要通过群际互动情景中的个体的心理因素来发挥作用。

一、社会认同的作用机制

社会认同作为连接微观个体心理和宏观群体心理的重要心理机制，会对人们的认知、情绪和行为产生基础性影响。社会认同有三个核心过程：社会分类、社会比较和积极区分，大学生通过这三个核心过程来完成群体认同，并产生对内群体的信任和对外群体不信任。人们无时无刻不在接受刺激，为了更具适应性，个体必须进行范畴化，将纷繁复杂的刺激组织成几个数量上更容易管理的范畴。范畴化有增强效应。一旦进行范畴化，人们就会增强、夸大范畴内的相似性，同时增强、夸大不同范畴的差异性。个体会把所有人归类成不同群体，这就是一种社会范畴化——社会分类。一旦把自己归为一个群体，个体就会低估同一类别或群体的差异，强调不同类别或群体的差异，从而区分出"我们"与"他们"，这是非常有认知意义的，社会分类让人们从认知上无法更加客观地看待内外群体的差异。

一旦完成社会分类，就会引发社会比较。人们在社会中的位置通过社会类别来定义，而群体成员的社会类别则通过内群体成员与外群体成员的社会比较来产生。当进行群际社会比较时，内群体成员通过比较外群体成员的特点及其福利，获得内群体的优势和劣势，并确认自己是否属于这个群体。为了获得积极自我评价，人们会在尽可能多的维度上对群体进行区分，提升自我的价值感和自尊。

当内群体在有优势的维度上与外群体进行比较时，更容易进行积极区分,从而有目的地偏好内群体,这种群际行为被称为"积极认同的竞争过程",不同群体成员会寻求不同的策略来保护或增强积极区分,这背后是个体自尊的维护。内外群体比较中得到的群际区分越积极,群体成员越容易有更高水平自尊。群体自尊水平低则趋向于产生群体间的歧视、偏见,群体自尊水平高则更容易产生群际信任。

社会认同通过"社会范畴—社会认同—个体"的路径解决"群体—个体"关系问题。社会分类使群体区分出内外群体,并通过社会范畴化的增强效应强化内外群体间的差异,内外群体身份成为判断是否产生信任的一个重要标准,导致人们更容易对内群体成员产生信任。社会比较在确定群体在社会中地位的同时使得群际差异最大化。内群体成员认为本群体更优秀、更值得信任,一方面在群体内通过自身与其他成员的相似性积极区分进行个体认同(区分"我"与"我们"的差异),另一方面在群际间通过对自己归属的内群体与外群体差异的积极区分进行社会认同(区分"我们"与"他们"),这两个方面可以让群体获得较高的社会认同,进而增强群体自尊。积极区分的结果越积极,群体便获得越高的自尊水平,从而减少对外群体的诋毁,产生、增强群际信任。

二、社会认同威胁的作用机制

社会比较是社会认同的一个重要的心理过程。那些在社会比较中处于劣势地位的群体成员更容易遭受偏见与歧视,引发不信任。归属为该弱势群体的成员此刻也会感受到来自外群体的消极评价,进而产生对该群体的社会认同威胁。

社会认同威胁的产生有着制度、文化、心理等多方面原因,在群际因素中,群体地位、群体特点及其群体边界的可渗透性对社会认同威胁也会产生影响。一旦某群体成员感知到社会认同威胁,便会在认知上出现对自己内群体身份的怀疑或拒绝。社会认同威胁会引起个体或群体的注意力偏向,即对与威胁相关的信息进行更多的加工和处理。社会认同威胁还会影响个体或群体的记忆偏差,即对与威胁相关的信息进行更多的记忆和回忆,从而导致对外界信任度的降低。在情绪上,社会认同威胁会导致个体对内群体出现自卑、疏离等消极情绪,以各种悲观、颓废的心态看待本群体的一切,对本群体的地位、文化、习俗等充满了自卑,对外群体出现焦虑、愤怒等消极情绪,从而影响对外群体的信任。在行动上,社会认同威胁会导致个体对本群体保持疏离甚至发生脱离,在群际关系中不愿暴露自己的群体身份,有时会对外群体产生敌对或者回避行为,产生对外群体的不信任。社会认同威胁对外群体不信任的影响是显而易见的,但是对内群体信任水平的影响则明显受到个体内群体认同的影响。若个体内群体认同水平高,则当其遇到社会认同威胁时便会更加维护自己的群体身份,更加信任内群体。因此,个体的自尊与其所在的群体是紧密相关的,这也可以解释为什么有时会出现即使所在群体受到外在威胁,群体成员之间已经产生认同威胁却反而更加团结信任的现象。也就是说,群体认同通过个体的社会认同威胁来影响其对内外群体的信任,社会威胁在个体社会认同与个体对内外群体的态度之间具有显著的中介作用[1]。这个心理过程发生在社会认同的心理过程之后,个体产生社会认同威胁觉知,使其在对待内外群体的认知、情绪、行为上发生了改变,最终导致群际态度和行为的改变。

社会认同威胁影响群体信任的心理机制在于当群体成员所属的社会群体或类别的形象或能力受到质疑或否定时,会对个体的自我评价、自信和自尊产生负面影响。这些负面影响会进一步阻止个体对他人的信任和亲近。换句话说,当一个人认为他所属的社会群体或类别受到威胁时,会对自己的价值和能力产生怀疑,进而影响他对内外群体信任和亲近程度。这个影响过程是一个心理过程。社会认同威胁激发群体成员认知和情感上的变化,产生消极的自我认知和自我评价,自尊降低,自信削弱,最终影响情感信任和亲近行为。

---

[1] 薛婷,陈浩,乐国安等.社会认同与内、外群体态度的关系:群际威胁和群体情绪的中介作用[J].心理科学,2013(1).

三、群际情绪的调节机制

群际情绪的主要特征就是个人会对那些不会对自身带来任何影响，但对群体其他成员或群体带来影响的事件产生强烈的情绪反应[①]。根据麦基(Mackie)等人提出的群际情绪理论(Intergroup Emotions Theory，IET)，群际情绪在群际关系中发挥着重要作用。

群际情绪是指当个体认同某一社会群体，群体身份成为自我心理的一部分时，个体对内群体和外群体的情绪体验。简而言之，群际情绪是群体成员对内外群体产生的情绪体验。基于社会认同的分类，人们会对内群体与外群体进行比较评价，产生一定的情绪反应，并将情绪从自身的个体水平上升到了群体水平。群际情绪取决于个体群体认同的水平。群体认同使个体心理感染了群体的特点，并赋予情感意义。群体认同程度高的成员相比群体认同程度低的成员，其群际情绪会表现得更强烈，这一效应对积极群际情绪(如快乐、自豪等)尤为明显。就消极情绪而言，群体认同程度越高，意味着越忠实于群体，即使产生消极情绪(如害怕、恼怒等)，群体成员也不会脱离群体。但也有可能出现一种情况，即群体成员因为出现内疚、怨恨等消极情绪，从而降低群体认同水平。

群际情绪聚合了群体的典型情绪，这种聚合效应在群体认同高的成员身上表现得尤为强烈，并通过情绪感染机制、遵守内群体规范机制和群体相关事件的共同反应机制，在具体的情境下因群体性质不同而产生变化，进而对群际态度与行为产生影响。群际情绪能进一步调节或改变个体或群体的行为，如愤怒会增加对外群体的伤害，害怕会引发外群体的回避及对内群体的支持等。伊斯兰和纽斯顿的研究证实了焦虑感对群际接触态度起到了调节作用。在具备促进交往的条件中，不同社会群体的接触本身就是一个容易激发消极情绪的行为。

---

① 薛婷,陈浩,乐国安等.社会认同对集体行动的作用：群体情绪与效能路径[J].心理科学,2013(8).

根据社会心理学家史蒂芬等提出的"整合威胁理论",在群体情境中个体或群体因其对于所属群体的价值和地位发生变化而产生威胁感,即当个体或群体感受到社会认同威胁和群体自尊威胁时,容易产生群际焦虑,形成消极群体态度,引发群际不信任。内群体认同、群际接触、知识经验、不平等地位、情境因素等是引发群际焦虑的前因变量,对群际态度与行为起到直接和间接的影响作用[①]。社会认同威胁是产生群际焦虑的根本原因。群体认同是社会认同威胁的前因变量,当某群体的认同受到威胁,该群体成员会自动启动否定的心理防御机制,用否定外群体来强化对内群体的认同,从而在认知上对外群体有消极印象,对外群体产生焦虑,引发对抗和不信任的态度。

群际情绪对群体信任的影响路径是从情感到态度。个体感受到外群体的威胁引发消极群际情绪(如焦虑),进一步启动对外群体的消极反应,阻碍群际互动,造成群际间的误解与不信任。从这种意义上说,不同大学生群体如果感受到来自外群体的威胁,会伴随出现对外群体的消极印象,增加对外群交往的群际焦虑水平,从而导致对外群体的消极评价与态度,并阻碍进一步的群际互动,难以产生对外群体的信任。

四、共同点聚焦的作用机制

共同点聚焦是在共同内群体认同模型(CIIM)里的一个核心概念。一般意义上,共同点聚焦是指内群体成员感受到的与外群体成员的相似程度。有时候人们对内群体的过于偏袒与喜欢,这种对内群体及其文化的偏爱会很容易产生外群体不信任。群体的成员对内群体的文化,包括风俗、习惯等很熟悉,但是对外群体的文化、风俗、习惯并不熟悉,基于群际焦虑,导致内群体成员对外群体成员的关注并产生不

---

① Riek B M, Mania E W, Gaertner S L. Intergroup threat and outgroup attitudes: A meta-analytic review[J]. *Personality and Social Psychology Review*, Vol. 14, No. 4, 2006.

信任。

伊丽莎白(Elizabeth)、温德(Wend)和马约尔(Major)做了一个实验旨在探讨群际间共同点接触是否能增强两个群体间的接触效率,其关注跨种族人群友谊,通过共同点聚焦接触,两个群体的成员都认为群际差异不再如此显著,增强了彼此的信任。多维迪奥和盖特纳的实验则指出,当不同群体感知到更多的群体共性时,会强化两个群体的接触意图[①]。盖特纳等进一步提出,感知到与弱势群体有更多相同的信息时,优势群体的成员会与其共享更多的认同[②]。凸显共同点的接触可以模糊群体间的界限,增强信任水平。宋烨的实证研究证明,有共同点聚焦比没有共同点聚焦的被试对象在群体信任水平上的得分更高。

共同点聚焦在群际环境中的主要作用机制是转移个体对群际差异的关注,让其感知到内外群体更多的相似性,模糊群体之间的界限,从而使得群体之间更加的团结,彼此信任。共同点聚焦让个体感知到与其他群体的相似点,获得更多的自我肯定,自我价值感得到提升,有助于提升个体的自尊。个体为了维护积极自尊,可能会构建一个新的共同内群体认同。因为感知到更多的共性,个体会增加内外群体熟悉感与亲近感,较少焦虑与恐惧,增强归属感与信任感。另外,共同点聚焦使得内外群体更愿意进行交流和互动,有助于打破刻板印象,增进相互理解;能增强各种群体之间的凝聚力来促进合作,对校园和社会和谐有促进作用。共同点聚焦是个体对内外群体共性和相似性的认知和觉知,其本质是改变个体对外群体的认知和印象,改善个体对自我和外群体的评价。这种认知和觉知可以触发个体积极的情绪和行为倾向,从而增进群体之间的信任。

---

① Dovidio J F, Gaertner S L, Kawakami K, et al. Why can't we just get along? Interpersonal biases and interracial distrust[J]. *Cultural Diversity and Ethnic Minority Psychology*, Vol. 8, No. 2, 2002.
② Gaertner J C, Chessel D, Bertrand J. Stability of spatial structures of demersal assemblages: A multitable approach[J]. *Aquatic Living Resources*, Vol. 11, No. 2, 1998.

五、不确定感的动力机制

大学生也是社会成员,最重要的关系是个人与群体的关系,需要对自己与他人之间的关系以及所处的环境有一个确定的了解,现实境况往往蕴含诸多不确定因素,这就使得人们需要不断通过群体认同来获得确定感,了解自己是谁、别人是谁,从而获得自我确认,因此缓解成长中出现的不确定感体验,并与社会产生联系。

心理学家范德博斯(van den Bos)提出了不确定感管理模型(Uncertainty Management Model),并进一步提出了个体不确定感(personal uncertainty)的定义。个体不确定感是指个体对自我认识、世界观和外部环境产生怀疑的感觉,这种不确定既是主观感受,也是个体的无意识。不确定感会引起个体生理和情绪上的双重反应,激发个体的注意力集中,引发个体的警觉反应,可能产生焦虑与恐惧情绪。此外,不确定感还会降低个体的意义感和自我价值感。研究表明,不确定感会降低个体对行为结果的知觉和预测,降低意图感。同时,还会降低个体的自我效能感,使个体对自我产生怀疑。

个体在面对不确定感时会引发文化世界观防御。此时,个体会更亲近他们所信奉的文化世界观,会更积极地对待支持其文化世界观的人和行为,更消极地对待威胁其文化世界观的人和行为。此反应更多是个体的本能或者直觉的作用,而不是其理性推理或者思考的结果。根据社会认同理论,在同一个内群体的成员共享相同的世界观和价值观,这使得寻找内群体的认同和归属成为一种个体有效的心理防御方式。因此,当个体面临外部威胁时,为了减轻不确定感,他们往往会加强群体认同,并倾向于支持和积极对待与内群体一致的成员和行为,或者努力使自己的行为符合内群体的规则和标准。举例来说,当一个人感到自己所在的文化或社区受到批评或攻击时,他可能会更加强烈地表达对该文化或社区的忠诚,并对批评或攻击者产生敌意和排斥感。此外,他可能会遵守内群体的价值观和准则,以获得内群体成员的认可和支持,从而提高自己的自尊和自我价值感。

减少不确定性来自两种深层心理动机:一种是获得特定的自我与寻求认知安全感;另一种是引发个体寻求群体认同感、归属感和认知安全感,将更多资源分配给内群体,将更少的资源分配给外群体。不确定感凸显可以加强个体的内群体偏好及外群体贬损,个体面对不确定感时会加强群体认同。如此就引发个体对内群体更多的依赖、信任,以及对外群体的警惕、敌对和不信任。众多研究表明,体验到不确定感后,个体会更加积极地对待和接纳内群体成员,更愿意对内群体进行捐助和帮助,同时更加消极地对待和排斥外群体成员。个体面对不确定感等威胁时,会增加对归属感的需要,提高内群体认同。魏斯曼(Wisman)和库勒(Koole)认为群体归属感能缓解焦虑,对群体的公平觉知更加敏感,如果认为这个群体公平就会更加具有归属感。

同时,个体一般具有多个群体身份,在体验到不确定感的情况下,个体往往会更加突出群体一致性较高的身份。根据实验研究,当个体面临不确定感或威胁时,他们会倾向于寻求内群体的认同和支持。这种寻求认同的行为可能表现为加强对群体一致性的确认倾向。在不确定情境中人们的自我和群体身份更容易形成一体性,自我与群体身份具有可渗透性,形成相互影响的认同融合(identity fusion)状态。这种认同融合状态是人们为内群体所作的自我牺牲,成为产生极端亲内群体行为、信任等的心理基础。

豪格认为,群体认同是减轻不确定感的一种有效方式。当个体处于不确定的环境或者对自己产生怀疑时,会感到无力和困惑,不知道如何与外界进行互动。这种不确定感会导致个体产生确认倾向,希望从他人或者社会环境中获得积极肯定的信息,以证明自己的判断和行为是正确、合理的。在内群体中,成员在态度和行为方式上具有相似性,对特定问题也可能具有相同的看法。同时,当个体不知道该如何行动时,可以以内群体的行为规范作为指导自己行为的原则。因此,在内群体中,个体可以获得确认感和控制感,从而减轻不确定感。

因此,在体验到不确定感后,个体为了减轻自己的消极感受,会加强对内群体的身份认同。不确定情境激发人们寻找特定自我认识、获取认知安全感的深层心理动机,使人们通过去个人化、认同和区隔等群体认同机制[①],获得自我与群体原型的联结,进而表现出追逐边界清晰、规范明确、结构严密的实体性群体。这种群体认同一旦得到强化,便会进一步强化个体对内群体的信任。

---

① 吴莹.全球危机中不确定性如何影响极端群体认同的形成[J].社会学研究,2021(2).

Part 5 第五章
大学生群体认同与信任的实证分析

第一节 研究框架与问卷设计
第二节 实验调查与数据处理
第三节 问题表现与结果分析

群体信任是以群体身份、文化或价值观构建起来的一种心理态度。以群体认同为前提，才能使各类大学生群体在交互中不断加深信任。群体认同是一个在共同文化价值、共同身份基础上构建的认知、评价、情感与行为的集合，能有效促进各类大学生的信任。各类大学生的信任不断增强，也进一步强化了群体认同。本章在理论探索的基础上，依托心理学的社会认同理论、群际接触理论，采用问卷调查、实证与干预研究来探索群际接触和群体认同对各类大学生群体信任的作用。

第一节
研究框架与问卷设计

一、具体研究内容与假设

本章的研究重点是群体认同和信任两者之间的关系。通过前文相关论述，关于群体认同及信任的研究很多，但是关于立足中国本土的大学生群体认同与信任的研究相对较少。当前关于大学生群体认同与信任的研究中，对于群体信任的概念定义还不清，且对群体信任的测量更多是在实验室条件下的，缺少现实情境的测验。本研究在现实情境下，结合心理学视角进一步确定大学生群体认同的结构及其主观感知，探索大学生群体信任的现状及影响因素，其最核心的目的是探索大学生群体认同如何影响群体信任。

群体信任包括两个层次：内群体信任和外群体信任。根据社会认同理论，群体内部存在内群偏好并具有高度的信任，因此在培育大学生群体信任当中，如何增强内群对外群的信任（外群体信任）是重点。社会结构具有多重性、复杂性,大学生也拥有各类群体身份。但不同的身份对于个体来说,重要性是不同的。中国人的身份对大学生而言是非常重要的一种社会群体身份。叶娜在其研究中指出,大学生认同的核心群体依次是大学生、性别、国民、省籍。地域也是影响对外群体态度的重要因素。本实证研究中探索大学生群体认同(以国家认同为例)与群际接触对信任的影响,通过团体辅导实验验证大学生群体认同和群际接触可以促进大学生的群体信任。

结合以往的相关研究成果,提出以下假设:

一是群体认同、群际接触对群体信任有显著影响。

二是群际接触通过群体认同对群体信任产生影响。

三是通过促进大学生的群际接触和群体认同,可以提升其群体信任水平。

二、调查对象

在上海市(以下简称上海)、新疆维吾尔自治区(以下简称新疆)及湖北省(以下简称湖北)抽样调查 18~22 岁的大学生 606 人。

调查对象的具体情况如下:606 人中,男性有 241 人,占 39.8%;女性有 365 人,占 60.2%。606 人中,来自内陆地区的有 264 人,占 43.6%,来自沿海地区的有 342 人,占 56.4%。606 人中,在上海就读的有 476 人,占 78.6%,在湖北及新疆就读的大学生有 130 人,占 21.4%。

三、研究步骤

首先,对国内外的国家认同、文化认同、群际接触及群体信任的量表进行翻译,并对大学生进行结构访谈,访谈的内容包括:

列出四种对自己来说重要的社会身份(如国家、民族、性别、大学生、组织等)。

你怎么看待自己很多身份与中国人身份之间的关系的？

哪一个身份能最好地描述你，与你心理距离更近？

你对其他群体的大学生是否会有信任感？

在什么情况下,你觉得会更加信任其他群体的大学生？

同时开放式地收集项目，初步确定国家认同与外群信任的项目。

其次，请心理学专业的教授、文化民俗学专家进行项目评估。同时，对翻译成英文的中文量表进行回译。经过小组讨论，初步形成了预测的问卷。在预测前，进一步请语言学系的讲师检查预测项目语义表达的清晰性、简洁性和易懂性，最终形成了预测的问卷。

再次，进行预测验，对预测的问卷进行探索性因素分析，检验其信效度，尤其是结构效度，筛除多重负荷或因素负荷过低的项目，确定正式的国家认同、群体信任与群际接触的问卷。

最后，施测。施测采用问卷填写的方式开展，分网络施测与现场施测两种形式，网络施测由管理员在线指导并在线回收，现场施测由教师统一指导并集中回收。全部施测数据收集完毕后统一进行分析。

四、研究工具

（一）《国家认同量表》

在国家认同方面，采用陈晶、佐斌所编制的《国家认同量表》为施测量表。该量表以社会认同与文化认同理论为基础，认为国家认同是一种身份认同，该量表包括 35 个项目，采用 6 点计分，量表的 Cronbach's α 系数为 0.918，具有较好的信效度。

（二）《群际接触量表》

在群际接触方面，采用高承海、侯玲和万明钢根据纽斯顿等《民族接触量表》改编的《群际接触量表》为施测量表。该量表内部一致性系数为

0.986,具有较好的信度。该量表作为本研究中测量群际接触的工具,主要测量各类大学生群体的直接接触水平。

(三)《群体信任量表》

在群体信任方面,采用情景假设下的群体信任测量,主要考察内群体对外群体的信任,同样用问卷调查的方式来进行。《群体信任量表》由福奇(Voci)编制,由刘华修订,包含了4个测试项目,采用7点计分。在测量个体成员经历"信任""可靠""缺乏信任""怀疑"每一种情绪的频率时,采用李克特7级评分法,其中,"信任""可靠"为正向计分题目,"缺乏信任""怀疑"为反向计分题目。该量表的总分越高,代表对于群体的信任程度越高。经过预测,该量表的 Cronbach's α 系数为 0.78,可作为实证研究的工具。

第二节

实验调查与数据处理

来自不同区域的大学生的国家认同、群际接触、群体信任三者的关系是复杂的,结合高校开展思想政治教育的现实性与必要性、抽样的现实性,在问卷调查的实证研究中,按照家庭所在地将大学生分为两个区域类别来开展数据分析。

一、研究一:国家认同、群际接触对群体信任的影响

群体信任的定义指出了群体信任的一个重要的背景——群际接触与互动,因而对国家认同、群际接触、群体信任三个变量进行相关分析,呈现出中等程度的显著相关,见表5.1。

表 5.1　国家认同、群际接触与群体信任的相关分析（$N=606$）

维度	均值	标准差	国家认同	群际接触	群体信任
国家认同	121.823	16.477	1		
群际接触	22.7607	5.741	.126**	1	
群体信任	21.772	4.115	.407**	.337**	1

注：** 表示在.01水平上显著相关

为了验证群体信任是否受到国家认同、群际接触的影响，进一步将国家认同、群际接触的水平进行解释性回归分析，见表5.2。

表 5.2　国家认同、群际接触对群体信任的回归分析

模型	R	调整 R^2	R^2 更改	F	p
国家认同	.407	.164	.165	119.767	.000
国家认同、群际接触	.499	.246	.249	99.707	.000

通过回归分析发现，国家认同、群际接触水平可以影响不同区域大学生的群体信任水平，这两个变量能解释群体信任24.6%的变异量，其中国家认同可解释群体信任16.4%的变异量，验证了国家认同、群际接触均对群体信任有影响。

二、研究二：国家认同在群际接触与群体信任之间的中介作用

汪美香对中介效果成立提出三个判断条件：一是自变量与中介变量分别与因变量存在显著关系；二是自变量与中介变量间存在显著关系；三是加入中介变量后，自变量与因变量关系将降低。其中，若加入中介变量后自变量对因变量的参数估计由原来的显著变得不再显著，则中介作用属于完全中介作用。按照这三个判断条件，进一步对国家认同为群际接

触与外群体信任的中介变量予以验证。首先对国家认同总分、群际接触总分与群体信任总分进行标准化处理,随后采用中介效应检验的偏差百分位 Bootstrap 法进行分析,采用海耶斯(Hayes)编制的 SPSS 宏,在被试群体中随机抽取 5 000 个/次样本对中介效应的 95% 置信区间进行估计,以分析国家认同在群际接触与群体信任之间的中介作用。

由表 5.3 的回归分析结果可知,群际接触能够显著正向预测国家认同($\beta=0.126$,$p<0.01$);国家认同能够正向预测群际信任($\beta=0.370$,$p<0.001$),同时群际接触能够正向预测群体信任($\beta=0.291$,$p<0.001$),且群际接触对群体信任的直接预测作用也显著($\beta=0.337$,$p<0.001$)。

表 5.3 回归分析结果

回归方程 ($N=606$)	拟合指标	系数显著性				
结果变量	预测变量	R	R^2	F	β	t
国家认同	群际接触	0.126	0.016	9.739	0.126	3.121**
群体信任	国家认同	0.499	0.249	99.707	0.370	10.403***
	群际接触				0.291	8.163***
群体信任	群际接触	0.337	0.114	77.444	0.337	8.800***

注:*$p<.05$,**$p<.01$,***$p<.001$,下同。

中介分析结果表明,群际接触对群体信任的总效应为 0.337,总效应的 Bootstrap 95% 置信区间 = [0.262,0.412],$p<0.001$,因此总效应显著。群际接触对群体信任的直接效应为 0.291,直接效应的 Bootstrap 95% 置信区间 = [0.221,0.360],$p<0.001$,因此直接效应也显著,且占总效应的 86.35%。同时,结果表明,群际接触通过国家认同对群体信任产生影响的间接效应为 0.046,间接效应的 Bootstrap 95% 置信区间 = [0.013,0.082],$p<0.001$,因此间接效应显著,且占总效应的 13.65%。

综上所述,中介模型(图 5.1)成立,国家认同在群际接触与群体信任间存在部分中介作用。

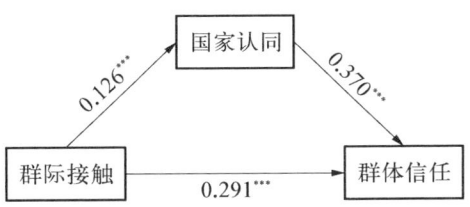

图 5.1 国家认同在群际接触与群体
信任间的中介模型图

三、研究三：国家认同与群际接触提升上海大学生与新疆大学生信任的实验

（一）研究目的

基于社会认同理论、群际关系理论和团体辅导等理论，以促进来自上海大学生与新疆大学生信任为目标，设计前后测实验，通过对问卷测量结果的量化分析，检验干预的效应。

（二）研究假设

本研究使用等组化设计，使干预组（A）与控制组（B）的前测值相等。数据分析分为两个部分，首先采用配对样本 T 检验对干预组（A）的前测与后测进行比较，基于相关理论与前文模型，研究假设干预组（A）大学生群体信任的后测显著高于前测；随后，采用独立样本 T 检验对干预组（A）的后测与控制组（B）的后测进行比较，并假设干预组（A）后测中大学生的群体信任显著高于控制组（B）。

假设干预组（表 5.4），通过团体辅导干预，来自上海和新疆的大学生群体信任前后测相比有显著差异，且与控制组相比有显著差异，来自上海和新疆的大学生国家认同相比之前有了显著差异。

表 5.4 团体心理干预研究设计

组　别	前　测	干　预	后　测	跟　踪
干预组（A组）	国家认同、群体信任测试	团体心理辅导干预	国家认同、群体信任测验	访谈、调查
控制组（B组）	国家认同、群体信任测试	其他课程的学习	国家认同、群体信任测验	其他团体活动

（三）被试对象来源

被试对象来自上海市一所"双一流"大学的大一、大二、大三各一个班级中的大学生。在三个班级的大学生里，集体实施同样的心理测试，采用单盲法，在团体辅导介绍之后，招募愿意全程参加的人员，辅助加入一些个别面谈，最终确认入组成员。

最终成立的干预组A组有24人，包括来自新疆的汉族大学生12人，来自上海的汉族大学生12人；女生14人，男生10人。对应成立控制组B组，进行相关匹配。干预组、控制组成员的基本构成详见表5.5。

表 5.5 干预组、控制组成员的基本构成

成员构成		干预组（A组）		控制组（B组）	
		人数/人	占比（%）	人数	占比（%）
性别	男	10	41.7	10	41.7
	女	14	58.3	14	58.3
年级	大一	8	33.3	8	33.3
	大二	6	25.0	6	25.0
	大三	10	41.7	10	41.7
家庭所在区域	上海	14	58.3	14	58.3
	新疆	10	41.7	10	41.7
合　计		24	100.0	24	100.0

(四)研究设计

本研究采用干预组和控制组前后测的准实验设计方案,按照四个阶段开展:第一阶段,对干预组与控制组进行前测,测量工具为《群体信任量表》和《国家认同量表》。第二阶段,对干预组进行团体辅导,根据自行编制的团体活动方案开展,时间为6周,共6次,每次100分钟。第三阶段,对干预组与控制组实施后测,工具为《群体信任量表》和《国家认同量表》。第四阶段,干预结束后一个月,对干预组与控制组进行延迟后测。

1. 测量工具

前后测使用三个量表:陈晶、佐斌的《国家认同量表》,共35个项目;高承海、侯玲和万明刚的《群际接触量表》,共6个项目;刘华的《群体信任量表》,共4个项目。

2. 团体辅导方案的设计

如前所述,以团体动力学、人际沟通理论、社会认同理论、群际接触理论为理论依据,根据前面相关的研究与综述,制定团体方案,开展国家认同、群际接触与群体信任的相关关系及相互作用的研究。

表5.6 "相亲相爱一家人"团体方案

单元	单元名称	单元目标	活 动 设 计
一	相逢你我他	1. 团体成员互相认识和了解 2. 建立团体契约和规则 3. 增进相互了解	1. "大风吹"热身活动 2. 民主协商,建立团规 3. 寻找另一半,自我介绍 4. 走进你我他,加深了解 (作业:分享认识新朋友的感受)
二	我的好伙伴	1. 团队的初期建设 2. 对团体成员互相熟悉,培养信任	1. "心有千千结"热身活动 2. "镜中人"默契考验 3. "盲人与拐杖"的信任之旅 4. "绘画接龙",营造团体氛围 (作业:写下活动感受和交流所得)

续　表

单元	单元名称	单元目标	活动设计
三	群际探索	1. 鼓励成员自我探索与分享 2. 促进成员之间的欣赏、信任 3. 对自己与群体关系的探索	1. "相似圈"的热身活动 2. "与众不同",接纳自己,欣赏他人 3. "一次一步",探索自我与群体中的关系位置 (作业:分享小组活动带来的对群体的认识)
四	团结就是力量	1. 促进成员沟通,尤其是非言语沟通 2. 促进成员的合作,增进信任,加强归属	1. "无家可归"热身活动 2. "鼓圈团体",合作协同 3. "同舟共济",为共同的目标而合作 (作业:给同学赠送小贺卡)
五	我们的家园	1. 营造平等、温暖的氛围,加强团体的认同与归属感 2. 鼓励协作,互相关注,增进信任 3. 形成国家的认同	1. "无家可归"热身活动 2. 弹力布舞动圈活动,接纳、联结与信任 3. 主题作画:我的国,我的家 (作业:说说团体的活动特点)
六	相亲相爱一家人	1. 回顾团体过程,整理收获 2. 建立团体的信任,表达感恩与总结	1. "你拍拍,我拍拍"热身活动 2. 支持圈活动,表达感恩与祝福 3. 告别仪式——相亲相爱一家人

（五）团体辅导的结果

根据群体信任及国家认同的前后测,将干预组和控制组的调查结果进行 t 检验差异分析,得出以下结果:在前测中,干预组与控制组在群体信任($t=0.068, p>0.05$)与国家认同($t=0.390, p>0.05$)上显著不差异,说明干预组与控制组的群体信任、国家认同基线水平一致。

在开展团体辅导实验之后,如表5.7所示,团体辅导之后干预组与控制组在群体信任($t=4.567, p<0.05$)及国家认同($t=3.911, p<0.05$)上的差异已经达到显著差异。经过团体辅导的干预,干预组的群体信任、国

家认同已经得到显著提升。

对干预组前后测值进行配对 t 检验,如表 5.8 所示,干预组经过团体辅导之后,群体信任($t=3.939, p<0.05$)与国家认同($t=4.350, p<0.05$)与前测差异显著,后测群体信任(22.917 ± 2.535)和国家认同(126.875 ± 7.720)比前测群体信任(18.833 ± 4.400)和国家认同(112.833 ± 13.802)有显著增加。

表 5.7 干预组与控制组后测对比

组 别	干 预 组	控 制 组	t	p
群体信任	22.958±2.662	18.875±4.367	4.567	.014
国家认同	126.416 7±8.119	112.042±13.110	3.911	.029

表 5.8 干预组前后测对比

组 别	前 测	后 测	t	p
群体信任	18.833±4.400	22.917±2.535	3.939	.015
国家认同	112.833±13.802	126.875±7.720	4.350	.013

(六) 讨论

从方案设计上来审视团体辅导的成效。如前所述,本团体辅导方案是基于团体辅导理论、社会认同理论、群际接触理论,以及大学生群体信任的现状、影响因素等进行分析和讨论的。

首先,根据社会认同理论与群际接触理论,强化来自不同地域的其他共同内群体认同,提升群体信任。来自不同区域的大学生因为对内群体认同——国家认同的共同目标,通过增加群际接触的数量与质量可以提升其群体信任。

其次,进一步验证群体信任的内涵。在团体活动中,来自上海和新疆的大学生最初呈现出不熟悉和焦虑的状态，在过程中以各种团体活动为载体，包括表达性艺术等形式，促进不同区域群体大学生之间的理解沟通，达到情感上的链接，并使其愿意在以后多接触来自对方区域的大学生，减少焦虑，情感上也更亲近，对对方产生积极预期。

再次，本实验中的群体信任与区域身份有关，但是可以通过团体辅导活动重新分组，实现重新分类、交叉分类等，并以此模糊区域的边界，提升群体信任。

最后，在团体辅导中，很多活动都将上海大学生与新疆大学生分在一个小组里，此时他们在界定自己的群体身份时区域身份相对不凸显，他们已经成为共同完成任务、共同实现目标的伙伴。

从量化结果上来审视团体辅导的成效。根据相关的数据可以看出，干预组与控制组在前测无显著差异，但是在后测中，干预组与控制组的群体信任差异显著，说明团体辅导提升了来自上海的大学生和来自新疆的大学生的群体信任与国家认同。

第三节

问题表现与结果分析

本实证研究，在社会认同理论、群际接触理论下探索大学生群体认同及群际接触对群体信任的影响。

群体信任通常发生在两个或多个群体之间的群际互动中，无论是在实验控制下的分组还是真实的群体情景之中，这种信任主要是由群体成员所归属的社会身份所决定的，因为内群体的成员之间互相信任，所以群体信任更直接表现为内群体成员对外群体成员的信任（外群体信任）。在本实证研究中，以家庭所在地域来划分内外群体。目前就群体信任影响因素而言，大多集中在社会认同层面与群际接触层面，本实证研究也围绕这两大影响因素来验证。

群体认同以国家认同来体现,在本实证研究中不同区域大学生的上位群体身份认同——国家认同和群体信任的相关系数为0.407,呈现出中等相关,进一步的解释性回归分析发现,国家认同可以有效解释群体信任16.4%的变异量,这与很多社会认同影响群体信任的研究结果一致。群际接触以直接群际接触来体现,直接的群际接触与群体信任相关系数为0.337,也呈现出中等相关,可以有效解释群体信任8.2%的变异量。群际接触水平可影响到群体信任,这与以往研究结果一致。国家认同与群际接触这两个变量可联合解释群体信任24.6%的变异量,从实证研究的层面验证了国家认同、群际接触可以影响到群体信任,其中国家认同是关键变量。

本实证研究的一个重要发现是验证了内群体认同是群际接触影响群体信任的中介变量,群际接触与外群体信任之间不存在必然联系。基于维持良好的群际接触程度,群体信任取决于内群体认同的适当水平。在维持群际接触方面,内群体认同发挥着重要的筛选机制作用,寻求文化源远与价值系统的相似性和群体成分的同一性,有利于良好的群际接触,并淡化"我们"和"他们"的心理界限。这个研究结果与程淑华等研究结果一致。更进一步,通过团体辅导实验增强上海大学生和新疆大学生群际接触的数量与质量,将国家认同这个内群体认同作为团体辅导的一个核心的共同目标,可增强这两类大学生群体的信任。

本实证研究的另一个发现是国家认同与群际接触可以有效促进大学生的群体信任。因此,国家、社会和高校可减少一些不同区域大学生感到本地区价值遭到威胁的政策与教育,以减少社会认同威胁;加大各群体的优秀文化的介绍、宣传与体验,减少文化隔阂和误解;开展不同大学生群体聚居区交流体验活动。

群际接触越多,群体信任越高。团体辅导作为一种直接接触的形式,通过多次的团体辅导,一方面增加了上海大学生和新疆大学生群际接触的次数,另外一方面以深入的交流分享提高了不同大学生群体群际接触的质量。在团体辅导之中,将国家认同作为增强群体信任的核心因素,通过群际接触减少了焦虑,增加共情,用对共同任务、共同目标的强调促进了合作,以不断分组、重新分类弱化了家庭所在地域的差异,加之共同点聚焦等心理机制增强了群体信任。

Part 6 第六章
以群体认同和群际接触培育大学生群体信任

第一节　感知相似性，构建共同内群体认同
第二节　开展有质量的群际接触促交融
第三节　以知情意行的认同教育增进信任
第四节　以学习共同体强连接促信任
第五节　发挥朋辈群体作用促信任

国家、社会与高校为大学生交往创造了有利条件与空间。由于经济文化发展区域发展不平衡,高校在促进大学生群体认同的广泛性与有效性方面的认识仍不充分,各类大学生群际交往的数量和质量依然不足,大学生群体信任的水平与深度有待进一步增强。

从某种意义上说,情感和利益是维持和增进信任的两个重要的因素。群体信任与身份有关,这种信任容易产生于有"共有观念"的个体之间。学校作为开展思想政治教育的主要场所,在大学生群体认同和大学生群体信任的培育上具有不可替代的作用。高校应基于思想政治教育的落脚点,从高校思想政治教育的主体及思想政治教育工作者的角度出发,把握大学生群体认同和信任的特点,以强化大学生群体认同来消解不信任、培育信任、增强信任,拓展并丰富完善思想政治教育的方法与途径,改善不同大学生群体之间的关系,进一步促进校园和谐与稳定。

第一节

感知相似性,构建共同内群体认同

大学生的群体认同是影响大学生群体信任的一个关键因素。面对高校各类大学生群体处而不往的现状,欲真正实现情感信任,就要从"认同"出发,帮助大学生群体在心理层面上从"他们"走向"我们"。针对不同大学生群体交往的现状以及群体的差异与边界,高校应凸显大学生共有的社会身份,使其感知更多的相似性来弱化群体差异,以构建共同内群体认同来培育信任。

一、构建多层次的共同内群体认同

个体把人们区分为内群体、外群体,并把自己归属为某一内群体,对内群体积极偏好,对外群体有贬损。内外群体的界限并不是固定不变的。原本归属不同群体的大学生,通过构建共同内群体模型,将"我们"和"他们"包含到另外一个更具包容性的上位群体"我们",对原来内群体的积极情感也会延伸到更具包容性的"我们",并基于这个大家庭的内群体偏好而实现更广泛的信任。

共同内群体认同是减少偏见的有效途径。如果不同群体的成员能够认为自己属于同一个更广泛的实体,那么他们就会对原来的外群体成员产生更积极的态度。构建共同内群体认同可以通过增加现有共同超级成员(如一个团队、一个学校、一个国家等)或类别(如大学生)的显著性,或者引入由成员共享的因素(如共同的目标或命运)来直接实现。共同内群体认同通过建立共同身份,将外群体成员视为内群体成员,可增加个体对外群体的相似性感知。相似性感知是指个体对群体相似程度的感知,是社会分类和刻板印象等社会认知过程的决定因素,也是人际吸引力的重要因素。共享一个群体身份能够增强相似性感知,相似性感知是共同内群体认同对外群体帮助提升作用的中介因素[①],从而使人们更喜欢与相似者互动,愿意给予更多情感与行为上的帮助。

当个体建立了共同的内群体身份后,他们倾向于将外群体纳入自己的内群体中,从而改变了对外群体的态度和行为,这种内群体扩大化效应可以解释为什么共同内群体可以激发更多的积极情感和互助行为。内群体扩大化效应的发生是由于人们希望保持自己的自我一致性。当建立了内群体身份后,个体会认为自己和内群体成员有共同的特征和价值观,这种认同感会使他们更倾向于帮助内群体成员。为了保持自我一致性,个

---

① 孙涛,梁芳美,赵玉芳.共同内群体认同对群体帮助的提升作用及其机制[J].中国社会心理学评论,2019(2).

体会将外群体成员也纳入自己的内群体中,从而将对外群体的帮助视为自我帮助,这种行为会促进个体对外群体成员提供帮助。此外,求同与包容动机也可以促进内群体扩大化效应的发生。当人们希望与外群体成员建立联系时,他们会寻求共同点和相似之处,并将外群体成员看作是与自己具有共同上位群体的成员。通过这种方式,个体将外群体成员纳入自己的内群体中,从而增加信任和互助。

在大学校园里,强调大学生作为一个整体,拥有共同的目标和价值观,而个别群体的特征和利益并非主流。在这种背景下,个体与群体成员之间的关系和相互联系在每个人的身份认同中起着核心作用,如强调"大学生"或者"某大学"的认同。具体来说,在课堂上或课外活动中,会安排不同背景或兴趣的学生进行小组合作,让他们共同完成一个任务或项目,从而增强他们之间的沟通和协作能力;在校园里举办一些有利于展示大学生共同身份和归属感的活动,如迎新会、校庆、毕业典礼等,让学生感受到自己是大学校园的一部分;在教学中引入一些涉及社会问题或全球挑战的主题,激发学生对这些问题的关注和思考,培养他们的社会责任感和公民意识;在校园里宣传和推广一些反映大学理念和精神的口号、标志、歌曲等,让学生认同和尊重大学的使命和价值观。

二、以交叉分类消弭差异

在现实社会中,人们同时属于多重社会群体并拥有多重社会身份,具有社会身份复杂性(social identity complexity)。社会身份复杂性是指个体对多重内群体身份之间的关系进行主观表征的方式,反映了个体对自己的多重内群体身份之间感知到的重叠程度。社会身份复杂性不仅关注个体拥有社会身份的数量,更注重个体如何对这些社会身份进行组织与表征。社会复杂性作为人们社会认知的一部分,对人们的群际态度与行为产生影响。正因为人们拥有多种社会身份,能认知到社会身份的复杂性,人们有很多重叠与交叉的身份,交叉分类才能够成为稀释不同群体差异的有效因素。

社会认同理论最核心的概念是分类。社会分类是社会认同的初级阶段,其直接结果是清晰了群体的边界。通过分类,个体不再是独立的存在,而是把自己归属到不同社会类别中与他人互动。有社会身份复杂性的个体认为在某一群体身份类别上是外群体的人可能同时在某些不同的身份类别上又是内群体成员,进而可能会倾向于增加对外群体成员的信任程度①。实验研究表明,具有社会身份复杂性的人一方面愿意忍受缺少他人分类信息的不确定性与模糊性,另外一方面也更容易在另外一个维度上将他人归为同一个群体,更容易对人出现高度信任②。

大学生拥有多种社会身份,如性别、年级、区域等身份。大学生在性别身份上归属于男女大学生,但是在某一个类别上,如是否为文科生,不同性别的大学生可能归属于同一个群体,能更加信任。群体信任作为一个群际情景下的概念,在二元水平上,基于国家认同提升群体信任可以通过交叉分类来实现。交叉分类是一种认知过程,是指在进行与群体相关的社会判断时,同时在多个类别维度上进行社会分类,形成多个类别维度上内外群体的交叉③。交叉分类不局限某一种群体身份分类,它增加了大学生自我分类的复杂性,丰富了相似性的感知。

分类、认同都是基于差异而言的。相同有利于产生信任,差异则易生不信任。比如,上海大学生与哈尔滨大学生在生活地域上存在差异,一旦大学生以地域身份来与其他大学生分类与互动,这种分类会进一步建构并强化地域之间的差异,并触发以地域身份划分内外群体,知觉上易扩大这些差异,甚至地域对立,很难产生信任。因此,交叉分类可以作为促进大学生群体信任的方法,应该适度打破大学生固化的群体分类,引导大学生开展交叉分类,以其他的群体身份一起互动交流。比如,大学生在地域身份上归属不同群体,但是在另外一些分类中属于同一个群体。通过交

---

① 辛素飞,辛自强.社会身份复杂性的研究:理论、方法与进展[J].心理科学进展,2012(3).
② Xin S F, Xin Z Q, Lin C D. Effects of trustors' social identity complexity on interpersonal and intergroup trust[J]. *European Journal of Social Psychology*, Vol. 46, No. 4, 2016.
③ 严磊,佐斌,张艳红等.交叉分类及其对刻板印象的影响[J].心理科学进展,2018(7).

叉分类,可以增加年级分类,从而变成"大一上海学生""大四上海学生""大一哈尔滨学生""大四哈尔滨学生"这样的新类别。通过交叉分类,社会分类的复杂性得以丰富,原本因地域归属于不同群体的大学生,在某些分类中便归属于同一个内群体。同一个年级的大学生有相同的学习、生活和心理议题,会认为彼此有极大的相似性,这就可以进一步稀释性别引发的内外群体的差异。交叉分类不仅引发大学生对自身认知的变化,还能影响其自我动机与情感。在认知和情感、动机的影响下,大学生更加维护内群体的身份,对内群体成员有积极态度,更偏好信任内群体。

在引导大学生进行交叉分类时,高校的思想政治教育可适度在第二课堂、课外实践活动中,丰富群体类别,以交叉分类来把不同的群体大学生融合在一起,开展一些团体辅导活动。比如,按照不同年级、区域、兴趣、共同心理困扰等分类,强化在更多类别上的相似性,稀释某一种分类带来的差异来培育大学生群体信任。

三、融合国家公民认同教育

大学生的群体认同是多元的,为了更好地强调共同点与同质性,将更多共有的身份嵌套在大学生群体认同之中是一个可实现的路径。实践这一路径是个复杂的课题,可以在"一元与多元"视角下,将大学生的群体认同嵌套到国家公民认同之中,将中华民族复兴作为共同目标,把公民身份与国民角色丰富到大学生身份之中,强化共同文化根源——中华文化认同,增强大学生的群体认同。

大学生各类群体之间存在一些差异,开展群体认同教育时既不能威胁内群体利益又必须满足大学生对于不同群体的归属需要,这就需要在现实中形成真实存在的共同内群体。这个共同体除了大家具有共同的群体身份及文化归属之外,还具有利益相关、血脉相连、命运与共的深层内涵[①]。根

---

① 郝亚明.社会认同视域下的中华民族共同体意识探析[J].西北民族研究,2020(1).

据建构主义代表性人物亚历山大·温特的观念,影响安全共同体群体身份形成的变量有四个:相互依存、共同命运、同质性与自我约束。国家已经成为我们赖以生存和发展的政治载体。国家对不同群体的大学生而言是一个上位群体,国家公民认同在相互依存、共同命运、同质性等方面得到凝聚。不同大学生群体都认同属于这个更加包容的大家庭,有了心理契合点、情感共鸣点、利益结合点,心理距离缩短,手足相亲,守望互助,信任倍增。

强化上位群体认同,一定程度会模糊次级群体认同。因此强化国家公民这一上位认同时应避免出现社会认同威胁。如果过分强调大学生的国家公民身份,忽略其多元化的群体身份,容易引发大学生的社会认同威胁而产生防御与不信任。因此,维持次级群体的需求对于维持群际关系和谐非常重要。强化国家的认同不是压制次级群体认同,而是将次级群体的认同嵌套到上位群体认同中去。

在新时代的国家公民认同教育中,必须紧紧围绕"国家统一"和"民族团结"两大核心,利用国家公民认同需求来引导各类大学生的学习和生活。尤其重要的是,以践行社会主义核心价值观为引领,使其成为各大学生群体作为一个公民的自觉意识和行动。思想政治理论课作为大学生国家公民认同教育的关键课程和主渠道,应引导学生对真善美的追求,塑造公民意识。在注重第一课堂的同时,丰富第二课堂,通过社会实践基地、学生社团和创新创业平台,让各群体大学能够超越各种群体身份,重塑开放包容的公民意识,建立和谐团结的公民形象,承担自强自立的公民责任。最终,引导各类大学生逐步把国家公民认同建立起来并使其成为核心身份认同,自觉弘扬融合中华民族精神和国家意识的社会主义核心价值观,建构基于国家认同的大学生群体信任。

四、完善中华文化认同培育体系

在大学生群体认同促进大学生群体信任的路径中,文化认同是其中最核心的部分。文化认同是群体增强凝聚力的关键①,其核心是对一个群体的基本价值认同。文化认同是指个体对自己所属文化的归属感和认可度,它反映了个体与文化之间的情感、认知和行为关系。中华文化具有多元一体的特点,高校应在文化多样性的基础上强化文化的同一性来引导大学生群体的文化认同。

文化认同是群体融合的先决条件②。文化认同具有三大功能:一是文化群体中的基本价值取向;二是群体形成、存在与发展的凝聚力;三是文化群体的黏合剂③。亨廷顿(Hungtington)在《文明的冲突与世界秩序的重建》一书中提出:文化的差异是导致分裂和战争的根源,文化的相同部分可以促进达成合作共识。因此,培育大学生群体信任,应该以共同文化聚焦为方向和重点。

社会认同理论认为,人们努力实现并保持其群体成员的积极独特感。积极的独特性意味着与其他群体相比既有价值又有所不同。从自尊的角度来看,个体积极看待内群体的动力是直观的,但独特性也会对其产生影响。群体成员资格允许个体通过与类似的外群体进行比较来"了解"其自身。然而,当被比较的内群体和外群体过于相似时,内外群体之间的不充分对比阻碍了这种比较作为个体自我认识工具的价值。当"他们"与"我们"太相似时,这些类别之间的区别就不再有意义。这种困境是独特性威胁的核心。个体会因为内群体的独特性而遭受负面损失,部分原因是这些损失会引发人们对内群体作为一个独立实体的未来生存能力的焦虑。社会认同理论预测,群体成员对独特性丧失的反应,如文化同化,将取决于他们对相关子群体的认同程度,与其他群体的成员合并形成一个上级群体会引发社会认同威胁。感知到的相似性促进了团结,更高程度的感知相似性也会引发显著性威胁。

高校需要鼓励各类大学生群体之间有足够的文化共同点以促进各群

---

① 郑晓云. 文化认同与我们的时代[J]. 云南社会科学,2018(6).
② 赵伟. 文化认同是民族融合的先决条件[J]. 广西民族研究,2005(1).
③ 郑晓云. 文化认同与文化变迁[M]. 北京:中国社会科学出版社,1992.

体的团结,但在过程中也要规避独特性威胁,这就需要采取一些微妙的平衡行动。中华文化本身是各种文化的集合体,具有一体多元的特性,应树立大学生对一元与多元的合理认知,深化共同文化的归属感。同时,随着信息技术发展,个体可以同时拥有多重文化身份,或认同于不同维度、不同层面的观念和价值体系。大学生群体是由拥有不同地域、民族、阶层等分类标签的大学生组成的,在文化上有着不同的特征和需求。加强不同大学生群体的文化认同是指让大学生群体对自己所属文化有更深刻的了解和尊重,同时也对其他文化有更广泛的接触和包容,从而形成一种多元而和谐的文化氛围。在高校中,可以建立多元文化课程体系,让不同大学生群体有机会学习内外群体的文化,增加文化知识和素养;开展多元文化活动,让不同大学生群体有机会参与和体验不同的文化表现形式,增加文化交流和互动;培养多元文化意识,让不同大学生群体有机会反思和批判内外群体文化偏见和刻板印象,增加文化尊重和包容;倡导多元文化价值,让不同大学生群体有机会认识和欣赏内外群体的文化优势和贡献,增加文化自信和合作。

校园文化是强化中华文化认同的重要途径和载体,可通过校园物质文化、传媒文化、精神文化、文化制度、文化实践来完善高校中华文化培育体系。在物质文化建设中,将中华文化融入校园的建筑、绿地、雕塑等实体。比如,将中华文化的一些元素,如中国结、剪纸等,点缀学校的各种场景;将革命先烈的人物形象和故事、社会主义核心价值观等通过文化墙、标语、微信公众号进行展示,让大学生耳闻目染地受到中华优秀文化的熏陶;在传媒文化建设之中,以广播台、官微、学报学刊等媒介,打造全媒体时代的"互联网+中华文化认同"模式,分享中华文化小知识和小故事,以直观又唾手可得的方式增强中华文化认同;在精神文化建设中,以校训、校歌、校徽、校史等作为中华文化的载体,打造优良的校风和学风,以无形的力量感染大学生;在文化制度建设中,将中华文化的价值观念融入高校的制度文化建设,把"和为贵""己所不欲勿施于人"等极具中华文化内涵的制度理念融入大学生的行为规范,以社会主义核心价值观引领校园文化制度建设,推进校园规章制度的科学管理等;在文化实践建设中,推进中华文化的仪式化实践活动,强化大学生对中华文化符号的物化表征,唤起集体记忆和情感,知行合一地实现对共同文化的认同。

第二节
开展有质量的群际接触促交融

群际关系是社会关系中的一部分,其关注社会类型存在差异情况下个体之间的互动。群际关系只有在群际环境中才会发生,只要个体带着本群体的标签与其他群体或成员进行了互动,无论这种互动发生在两个群体之间还是两个群体成员之间,都属于群际行为。高校不仅是大学生学习知识的地方,也是其认识社会、建立价值观、产生群体意识的重要场所。目前,仅仅依靠不同大学生群体自发的接触交往是不够的,必须发挥高校组织优势,提升不同大学生群体群际接触的数量与质量,促进大学生全体信任。

一、开展形式丰富的群际接触活动

大学生群体信任是衡量不同大学生群体关系的重要指标。群际接触假说提出了一个现实的问题:如何在正常的情境中促进积极的接触类型,或者说得更实际一些,如何确保自然发生的接触情境会产生积极接触的体验与效果。加强大学生群体信任,可以从群际接触上找到途径。群际接触理论有一句经典阐述——"偏见源自无知,熟悉产生喜爱"。内群体成员比外群体成员更值得信任,可能是因为社会距离(social distance)起作用,内群体成员之间社会距离近,而与外群体成员之间的社会距离远。增加不同大学生群体之间的接触,可以拉近社会距离乃至心理距离,达到增强群体信任的效果。

群际接触可分为直接接触、间接接触与想象性接触。从改善群际关系的效果来看,基于内群体成员个体亲身经历的一种接触过程,直接接触在改善群际关系方面的效果是最好的,能更好地促进不同大学生群体的交往与信任。此外,想象性接触虽然是心理上模拟的接触,但也属于个体的一种直接经验,比间接接触效果要好。因此,除了课堂上活动等公共环境里的接触,高校应丰富不同大学生群体群际接触的情景,开展一些由老师带领的想象性接触活动,促进不同大学生群体的密切接触。

二、以共同目标为前提

与外群体成员的接触数量对群际认知有重要影响,有助于感知不同群体之间的共同特征。群际接触是否能够形成或增强信任,要取决于先决条件与特定的情景。学者谢里夫在罗伯斯山洞实验研究中设置了一个促使两组队员形成工具性依赖的实验条件,即两个群体必须通过合作才能达到一系列共同满意的超级目标。这一具有巨大价值的目标,如果没有两个群体中的每一个男孩的共同工作是不可能实现的。这也说明了在追求共同目标方面,两个不同的群体究竟是"合作群体"还是"竞争群体"是接触情景是否会产生积极效果的重要因素。因此,创造不同群体大学生之间合作的、依赖性情景,并强化共同的目标,是促进大学生群际接触中必不可少的部分。

在微观的校园生活之中,不同群体中的大学生拥有认知自我、增进学业、培养亲密关系、发挥潜能、实现从学校人到社会人的转变等大家共同的需要和目标,是可以创造一些互相依赖与合作的目标来促进群际接触的。

三、引导有情感互动的高质量群际接触

有接触、交往的意愿并不表示不同大学生群体之间一定会真正进行

接触。在大学校园里,即使不同大学生群体之间有物理空间上的接触,这些群体之间也不一定有情感互动,不一定产生积极情感。不同大学生群体的接触与交往更多在自发的基础上,需要思想政治教育工作者开展引导与教育。以往的理论与实证研究证明,不同大学生群体的交往互动中,情感层面的互动是产生信任的有利因素。理想的群际接触可以促进了解,尤其是对外群体的了解,增强不同群体大学生跨文化理解的能力,同时缓解群际交往的焦虑与恐惧感,并使不同大学生群体能站在彼此的视角下理解对方,产生共情的积极情感,促进信任。

群际接触不等于简单接触,简单接触并不能产生信任,这需要更深层更密切的群际接触。曾有高校尝试在专业学习中采用混合编班,在校住宿也采用混合居住,以此为大学生提供更多的接触可能与接触机会。但这些接触更多停留在强制混合,缺乏自发互动,很难有更多的情感卷入。此外,高校在一些校园活动当中的引导也是不够的,仅通过组织课外活动促进不同大学生群体友谊的效果是有限的。跨群体交往和友谊的可能性很大程度上依赖于学校环境内部的组织特征以及各群体互动的质量,因此,可以利用学校组织特征,将不同群体学生聚在一起,增强接触和交往的机会,可以从更聚焦、人数少的团体活动开始,给予深层交流的机会与可能,加之专业教师的引导,培养情感层次上的信任,甚至发展出跨群体的友谊。

在目前不同大学生群体互动形式多元混合的基础上,高校应继续创建多元化的学习环境,引导共同的目标。具体来说,可在课堂与宿舍的交往中为大学生提供更密切的互动可能,形成跟踪与反馈机制,丰富对不同大学生群体课外活动的组织、策划、设计,以团体活动的形式尝试拓展群际接触的深度,从而增强互相信任。很多实验证明,想象性群体接触可以促进群体信任,因此可适当开展一些想象性接触的团体活动,通过心理模拟来增强信任。这种想象性群际接触可操作性强,形式灵活多样,也不容易激发不同群体的一些焦虑、恐惧情绪。在课堂、社团活动和宿舍等场所,尽量确保学生有机会与来自不同背景和兴趣的同伴互动。多元化的环境有助于学生们接触和了解不同群体,从而建立信任。

第三节 以知情意行的认同教育增进信任

群体认同从个体心理层面来看,可包含认知—情感—意志—行为四个层次的活动,最终将认同转化成一种态度与行为表现,通过信任来呈现。

高校大学生群体认同教育(如大学生身份认同、公民认同、国家认同、中华民族认同等)可从知、情、意、行四个层面来开展。在心理学"知情意行"理论中,"知"是指人的认知、观念,包括人的感觉和知觉、意识和注意力、记忆和思维,它是人的情感、意志、行为的认识基础;"情"是指情绪、情感的态度和体验,由独特的主观体验、外部表现和生理唤醒三部分组成,是对客观事物的价值关系的一种主观反映;"意"是指人的观念和意志;"行"指的是行为与表现,是对"知""情""意"心理活动的实施过程[①]。群体信任,其实质为在群体认同中认知到的情感内化,而且将这种情感转化为一种意志品质和行为,成为一种承诺。高校可在"知""情""意""行"四个方面开展象征教育、情感教育、价值观教育,通过增强其感知、理解、记忆、情感、意志、信念等心理活动来促进大学生群体认同,并将这些心理活动外化为具体行为与实践的过程,用积极的群体认同来培育大学生群体信任。

一、在认知层面开展象征教育

在认知层面,针对各种共同内群体的社会表征开展象征教育。"象征

---

① 彭聃龄.普通心理学(第4版)[M].北京:北京师范大学出版社,2012:2-7.

就是用具体的媒介物表现某种特殊的意义"①,象征教育作为思想政治教育的常用方法,是利用可感知的象征符号、仪式以及节日活动所具有的特殊意义,通过象征物反映和传递一定价值观念、思想立场和行为模式的教育手段②。可以通过神话故事、语言、文字、英雄人物、群体精神和价值等载体开展象征教育,通过这些符号来唤起不同群体的大学生对国家、学校的共同情感。

二、在情感层面设置场景促进体验

在情感层面,应促进体验情景和积极情感生成。情感是认知层面的提升,是象征教育的提升,关注大学生的情绪、情感状态,开展对共同内群体积极情感的正向引导与培育。情感生成需要特定的场景,需要将原有认知的内容表象放在特定的情境中,通过体验来产生情感,在教育的引导下,强化大学生不同层次的共同内群体认同,培育群体之间的信任,实现群体的情感塑造。

一个人对群体的了解与认知,并不等于其能将这些了解与认知外化于行为,也不一定代表其能对该群体产生积极情感,这中间需要借助体验。体验是认知和情感的中间环节,建立在自身已有经历或者经验的基础上,具有感知直观形象和超越具体的情感与形象的能力。情感是态度的一部分,是人对客观事物是否满足自己的需要而产生的态度体验,情感相对情绪更倾向于社会需求与欲望的态度体现。体验教育重视学生是否"在场",因此高校要广泛开展丰富大学生体验和经历的社会实践活动,唤醒大学生已有的知识结构,让他们利用自身的感官激发立体、形象与丰富的体会,唤醒原有的集体记忆、融通体验来达到对共同内群体的归属感,建立对内外群体的信任。

---

① 何星亮.象征的类型[J].民族研究,2003(1).
② 焦成举.浅析思想政治象征教育方法[J].思想教育研究,2016(8).

作为学校而言,设置场景与情景显得尤其重要。场景与情景是激发学生各种群体认同的重要场所与客观条件,能唤醒、引导、深化学生的情感,学校要主动创造、设计情景,如课堂教学、团体活动、参观博物馆、探究历史、社区服务等,实现"心与物,场与景",引导大学生产生"我们是一家人"的感觉。

三、以行动促进意志的价值观教育

意志作为情感的升华,对行为有指导和驱动作用。在意志的驱动下,大学生可以根据自己价值观而采取行为。社会主义核心价值观是大学生的精神寄托与共同信仰,也是内在国家认同的精神根基。高校要引导大学生理性看待自己中国人的身份,建立对国家的归属感、忠诚感和责任感,并引导其对社会主义核心价值观的认同和遵守,最终在行动上维护国家的利益、价值观。

大学生在内在价值观转化为外显行为的过程中需要借助实践。在大学阶段,学生的理性思维相对成熟,能够在理性认知基础上构建各种群体认同,但是这些认同并不稳固。学校立足高校的特点,可在教育方式上开展一些创新。在课堂教学中,不仅包括思想政治课程,也包括其他专业与通识课程,借助课程思政,将通识课程、专业课程纳入群体信任的课程体系中,建立一个群体认同和信任的"大思政"格局,通过课程教学这个思想政治教育的主渠道来开展群体认同教育,培育大学生群体信任。

除了课程教育这个显性教育外,还应注重隐形教育。隐形教育是指利用环境浸润、熏陶与感染的作用,通过环境去感染、塑造与强化学生的认知、情感与行为的教育。比如,高校推行"三进两联一交友"活动,通过"进"建立群体意识和信任的整体性培育场域;通过"联"把学生和家长纳入培育的全过程;通过"交"创立"一帮一""多帮一"的互助组,以此搭建培育平台,发挥朋辈互助力量,增强各群体学生的团结意识,不断促进学生间的交往交流交融。同时,为营造各不同群体大学生和谐的交往、交流氛围,高校可尝试混班、混教、混住的混合教育场域,通过这种方式,降低群际偏见、化解刻板印象。

此外,高校可建立一批促进不同大学生群体互动交流的实践基地。无论是群际接触理论还是认同理论,都提倡让不同群体大学生共同参与完成具体任务,在实践中强化群体认同感,增强群体信任。具体而言,一是可以与一些政府合作,探访历史文化基地,接受对中华文化的熏陶;二是组织参加校外素质拓展,如上海东方绿洲拓展训练等,让不同群体大学生开展一定的团体活动,通过团体辅导来提升彼此的信任,加强联结;三是让不同大学生群体下沉到社区,开展社区志愿者服务、社会调查,感受国家和社会的发展与变化。

第四节

以学习共同体强连接促信任

学习共同体是一种教育理念,强调通过合作学习、参与决策和负责任的行动来培养大学生群体认同和信任。学习共同体可定义为由学习者及其助学者共同构成的团体,为了共同的兴趣或学习目标,共同体成员在学习过程中进行知识经验和学习资源的交流与分享,相应形成相互作用和相互促进的人际关系。在学习共同体中,对学习共同体的认同是群体信任的基础,也是有效学习和合作的前提。

学习共同体的价值在于能够为学生提供一个空间,学生在这个空间里能形成积极的参与认同,并共同完成有意义的任务。构建大学生共同体,让不同群体的大学生在相同的时间、相同的场域基于共同的任务和目标一起学习、生活。构建大学生学习共同体能促进大学生的学术成就、社会技能、道德观念和情感发展。具体来说,学习共同体可以提高大学生的学习成绩、动机、参与度、满意度和留存率,培养大学生的社会存在感、社会认同感和社会技能,这些都是构建大学生群体认同和信任的必要条件。

一、构建全方位的学习共同体

高校应构建多维、内部互动、深层次合作的全方位学习共同体来促进大学生群体信任。在尊重多元文化背景下,各群体大学生在现实或虚拟的场景中基于任务互相依赖与交流,可以快速建立信任。他们在学习的过程中不可避免会延展到学习之外的内容,如理想、困惑、兴趣、爱好等,容易形成情感信任[1]。

构建学习共同体可以按照五个部分开展。第一部分,共享愿景与目标:教师和学生共同制定学习目标、规划学习路径,使学生对学习过程产生共同的认同感。第二部分,促进合作学习:通过小组合作、项目学习等方式,鼓励学生之间的相互合作与支持,增强彼此之间的信任。第三部分,尊重多元文化:尊重学生的个性差异和文化背景,提倡平等、包容的教育环境,培养学生的群体认同感。第四部分,互动式课堂:教师采用互动式教学方法,如提问、讨论、角色扮演等,激发学生的学习兴趣,增进彼此的信任。第五部分,反思与评估:通过定期的反思与评估,学生、教师和家长共同参与,共同改进教育教学过程,增强群体认同感。

高校可从多个层面来构建学习共同体。首先,在学校与大学生之间构建学习共同体。这种共同体依赖于学校从组织上构建不同群体大学生一起学习的平台、场景和任务,如各类知识竞赛、科创实践项目等。其次,重点建设师生学习共同体,共同协商、共同进步。特别是学业困难的学生,教师要有针对性地具体指导,给予关怀、帮助与善意,帮助其更好地适应大学、适应社会,增强国家公民意识。再次,构建不同大学生群体融合的学习共同体。各类大学生的学习水平有高低,不同民族、不同文化、不同地域背景的学生基于个人需求,根据具体的学习内容和实践任务,在共

---

[1] 肖珺.跨文化虚拟共同体:连接、信任与认同[M].北京:社会科学文献出版社,2016.

同协商的基础上组建不同范围的学习共同体。在这种小型学习共同体中,大学生一方面能够认识到每个人在知识、能力、思维上的差异,另一方面也能实现学习共同体内的优势互补,尽可能地将差异性转换为互补性,形成合力,开展有效的协作。来自偏远地区的学习困难学生,在大学的不同阶段还可以和成绩优异的学生结成对子或者成立学习小组,充分发挥榜样的示范性和朋辈的带动作用,实现高效学习。在学习共同体中,教师和学生共同建立一个积极的群体认同,从而促进群体信任和合作。

二、倡导合作学习

合作学习理论(Cooperative Learning Theory)强调学生之间的合作对学术成就、社会技能和道德观念的培养有着积极的影响。在学习共同体中,合作学习是实现大学生群体认同和信任的重要途径,高校应倡导和鼓励合作学习。

具体来说,在课堂和课外活动中,要鼓励学生进行小组合作学习,以完成项目、报告或研究等任务。合作学习可以促使不同群体大学生互相依赖,分享知识和经验,从而促进信任。可以定期组织跨文化交流活动,让不同群体大学生有机会体验和欣赏不同的文化、传统和价值观。这可以帮助不同群体大学生打破刻板印象,增进群体理解和信任。为不同群体大学生提供有效沟通和冲突解决技巧的培训,帮助他们学会如何在不同观点和利益冲突中寻求共识,从而建立群体信任。通过将来自不同群体的大学生配对,引入导师制度,让导师与学生、学生与学生互相指导和支持。这种双向的互动可以促进群体信任的建立。在学校的宣传、教育和管理中,强调尊重和包容的价值观,营造一个安全、公正的环境,让不同群体大学生更容易建立群体信任。鼓励、组织学生参与社会服务活动,如志愿者服务、社区合作项目等,帮助不同群体大学生发展同理心,改变他们对其他群体的看法,从而促进大学生群体信任。

三、构建虚拟学习共同体

数字传播技术打破了原有的时空限制,新的有意义的共同体不断拓展和建构,个体的身份认同也在不断发生变化,信任也呈现出多元化趋势。因此,除了现实场景中的学习共同体,构建虚拟学习共同体在当下信息社会中也非常重要。虚拟学习共同体又称"网络学习共同体"或"虚拟学习社区",伴随在线学习和社会化学习而逐渐普及,是网络社区和在线学习的结合。虚拟学习共同体组建的是一个学习小组,由来自不同层次教育的学习者和网络环境组成。成员自愿参加各种学习活动,相互学习,交流学习经历,并愿意承担学习社区的责任和义务。大学生可通过自主学习和协作学习两种方式来实现学习共同体的目标。在线构建学习共同体也面临着一些挑战,如缺乏面对面交流中存在的身体线索、社会语境和情感反馈等。为了更好地面对这些挑战,教育者需要设计和促进一些能够促进学生之间的互动、协作、反思和反馈的在线学习活动。

具体来说,可以从以下几个方面构建虚拟学习共同体:一是创建一个欢迎和支持的在线环境,尊重多样性和包容性,建立清晰的期望和指导原则,以确保在线沟通和行为的礼貌和有效性;二是提供各种机会让学生介绍自己,分享各自的背景、兴趣和目标,并彼此了解;三是使用同步或异步工具,使学生能够实时或按自己的节奏实现彼此的沟通和协作;四是设计有意义和真实的任务,要求学生以小组或配对的形式合作,并将他们的知识和技能应用于真实世界的问题或情境;五是鼓励学生在整个学习过程中相互给予建设性的反馈、赞扬和支持;六是将社会情感学习(SEL)技能融入在线课程,如同理心、尊重、责任、自我调节和冲突解决等。

即便在虚拟空间里,在线学习共同体也可以增强大学生的归属感、承诺感、忠诚度和相互支持,促进大学生群体认同和信任。这种群体认同和信任最终体现为一种态度:在情感层面上,学生对小组及其成员表达积极的态度和情感;在认知和行为层面上,将自己视为小组的一部分,分享小组的价值、规范和目标,积极和持续地参与小组的活动和讨论,通过合作和协调以实现小组的目标;尊重和欣赏彼此的贡献、观点和差异并信任彼此的能力、意图和行为。

第五节
发挥朋辈群体作用促信任

习近平总书记在学校思想政治理论课教师座谈会上强调,"青少年阶段是人生的'拔节孕穗期',这一时期心智逐渐健全,思维进入最活跃状态,最需要精心引导和栽培"[①]。朋辈群体又被称为"同伴群体"或"同龄群体",可被归类为首属群体或初级群体。美国社会学家戴维·波普诺在其著作《社会学》中提出朋辈群体是"拥有相同的社会身份,社会阶层大致相同,观念相近并且通常处于同一年龄阶段的群体组织"[②]。朋辈群体已经超越家庭和学校,成为影响青少年思想品德的第二影响源[③]。可见,朋辈群体已经成为左右青少年一代价值观和社会行为的最重要的社会力量之一[④]。

大学中的朋辈群体是由地位相近,年龄、兴趣、爱好、价值观和行为方式大体相同的大学生组成的非正式群体,其既具有朋辈群体的一般特征,也具有大学生群体的特殊性,即大学生年龄层次上属于青年,但属于高学历教育人群,自主意识强烈。朋辈群体是大学生的主要社交圈,该群体由成员自由组成,成员之间的凝聚力牢固,具有平等的交往关系和较高的群

---

① 习近平.用新时代中国特色社会主义思想铸魂育人 贯彻党的教育方针落实立德树人根本任务.人民日报,2019年03月19日.
② [美]戴维·波普诺.社会学(第十一版)[M].李强,等译.北京:中国人民大学出版社,2007:173.
③ 詹万生.整体构建德育体系总论[M].北京:教育科学出版社,2001:409.
④ 周晓虹.同辈群体:历史·转型·社会影响[J].复印报刊资料(社会学),2015(10).

体认同感。该群体中既存在合作,也存在竞争,虽然会有矛盾和冲突,但也能实现成员之间的有效沟通并维持较长时间的相互交往。朋辈群体通常有统一的群体宗旨和规则,并要求成员遵守一些不成文的或成文的行为准则。群体有相应的组织结构,成员之间会有一些分工,相互协作完成一些任务。群体也会存在一个或几个核心人物作为"群主"来引领群体活动,组织群体共同行动以完成预定的群体目标。

朋辈群体是大学生进行情感交流、信息互换和寻求支持帮助的主要载体之一。朋辈群体为丰富大学生校园文化活动和社会实践平台提供了有力支持,以其亚文化影响、整合每个成员的思想和行为,塑造成员人格。当个体感受到同辈支持时,他们更有可能信任其他人。朋辈群体可以提供情感支持、建议支持和资源支持,使成员之间能建立更紧密的联系,其成为培育大学生群体信任的一个有效途径。

高校应该创造条件去丰富和扩展现实或网络朋辈群体思想政治教育活动的种类和范围,积极开展符合大学生朋辈群体运行规律的思想政治教育活动,形成线上线下、群内群外和校内校外有机结合,为各类朋辈群体开展活动提供有效保障措施,帮助大学生在校园中面对各种新的挑战和问题,使其在互动中建立友谊和共同体感来培育群体信任。

一、提供情感支持

大学生在校园中面临各种压力和挑战,如学术成绩、社交关系、家庭问题等。朋辈群体可以为大学生提供情感支持,通过倾听、鼓励和提供意见,帮助他们应对压力和挑战。朋辈群体可以通过团体辅导、小型沙龙、座谈会等形式来培育大学生群体信任。学生社团是大学中非常重要的社交平台,大学生可以在社团活动中结识更多的同龄人,并有机会学习各种技能。一些学生社团还会开展一些朋辈教育活动,当朋辈群体成员之间建立了初步信任后,大学生会更愿意分享问题和困惑并进一步深化这种信任。

构建学生心理朋辈辅导体系也可以提供丰富的情感支持。朋辈辅导是指由同龄人或同学级别的人员对其他同龄人或同学提供的心理支持、帮助和指导,它是一种有效的心理健康教育形式,可以增强大学生的信任、归属感和自尊[①]。朋辈辅导遵循自愿、平等、互助、保密等原则,针对大学生面临的不同心理问题,朋辈的大学生采用倾听、反馈、引导、建议等方法,提供情感支持和适当的解决方法,实现一种深层次的情感交流。高校可建立由经过专业培训的学生组成的朋辈心理咨询团队,为其他学生提供心理咨询和辅导服务。这种团队可以提高学生之间的相互支持和帮助,有效地帮助学生减轻心理困扰和提高心理健康水平。此外,建立以心理健康为主题的俱乐部,让学生在此共同学习、交流、支持。这种俱乐部可以为学生提供一个安全和支持性的环境,让他们感受到彼此的理解和支持,产生认同和信任。此类俱乐部可以有效地提高学生的自尊和自我效能,降低学生的焦虑和抑郁。

二、共享经验

朋辈群体可以通过共享经验和信息来促进大学生的群体信任。当个体在相互依赖的情境中共同完成任务时,他们更有可能建立信任关系。朋辈群体可以通过组织研讨会、交流会等共享他们在学术、生活和职业发展方面的经验和知识,帮助大学生更好地适应校园生活和解决问题。

比如,高校可以尝试建立学生导师制度。学生导师制度是一种将高年级学生作为低年级学生的导师,为他们提供学习和生活指导的机制。高低年级的大学生可以分享他们的学习策略,如:如何有效地学习和记忆,如何组织和规划学习和生活,等等。学生导师制度可以促进低年级大学生与高年级大学生的群际接触与交流,在互助中实现群体信任,实践中可采用多种方式方法,如安排团队项目,将大学生分为小组,并让他们共

---

① 刘博文,朱洁. 高校朋辈心理辅导体系研究[J]. 山海经:教育前沿,2020(4).

同完成一个社会服务项目或学术研究项目。这种方式可以让他们聚焦共同目标互相支持和合作,共同完成一项任务,建立信任。实践中也可适当推行志愿服务活动,让大学生有机会参与社区服务、慈善活动等,加强大学生与社区群体的联系和合作,以增强国家公民认同来实现群体信任。

三、提供反馈

朋辈群体评估是一种将同龄人放在一起互相评估的制度。这种制度可以帮助大学生更好地了解自己的学习情况和学习水平,同时也可以促进学生之间的交流和合作。朋辈群体可以提供及时、建设性的反馈,帮助大学生发现自己的弱点并提高自己的能力。朋辈群体评估可以通过组织小组讨论、互相评估等方式具体开展。朋辈群体成员之间的反馈可以帮助大学生发现自己的盲点和不足之处,并为大学生提供改进和进步的机会。

朋辈群体评估可以为大学生建立更强烈的群体认同和互相信任的关系,提供情感支持、共享经验、建立友谊和共同体感。这些作用有助于培育大学生群体信任和自信,增强大学生的适应能力和发展潜力。

结 语

本书在思想政治教育的框架下借鉴社会认同理论、群际接触理论等社会心理学理论,采用理论探索、实证研究对大学生群体认同和信任培育进行了探索,核心问题为以大学生群体认同对信任的影响来进一步培育大学生的信任。

群体认同是一个多维度的结构,包含着认知、评价、情感和行为四个方面。群体认同是社会认同中的一种,基于身份,通过社会分类、比较、认同的心理机制来实现。由于个体具体多重社会身份,因此群体认同也呈现出多元化、建构和比较的特点。

群体信任到底是什么?它等同于我们个体之间的信任与承诺吗?作为本书的核心概念,群体信任是随着群体关系研究兴起的、在群体水平上的信任,这也意味着其与人际信任相比既有共同点又存在一定差异。群体信任是指在群际互动中,一个群体成员对内外群体及成员的行为与意向做出积极预期且愿意承受相应的风险。根据该定义,群体信任存在以下几个特点:一是在群际情境中发生,包含着个体对内群体的信任(内群体信任)和外群体的信任(外群体信任)。二是群体信任包含归属相同或不同群体的两个成员之间的信任(二元水平),也包含归属某群体的个体对内外群体的信任(群际水平)。三是群体信任的主体为归属某个群体的个体,其与内外群体及其成员的信任更多由该个体的群体身份决定,较少受个体特性的影响。四是群体信任包含认知与情感,作为一种态度,情感在这当中占据重要的位置,是激发行为的动力。五是一般情况下个体对自己所归属的内群体及成员更加信任,更容易在情感上亲近、在行为上支持合作。

在社会认同威胁、群际接触等因素对群体信任的影响当中,群体认同发挥重要的桥梁作用,凸显出群体认同对群体信任的重要作用。在对群体认同、信任的概念和互相影响的关系和机制明确梳理之后,面对高校不同群体的大学生存在处而不往、存在隔阂的现实状况,增强和培育大学生的群体信任是一个现实又复杂的课题。如何去培育大学生的群体信任？回答这一问题就需要回到群体信任的概念。大学生群体信任在群际互动中产生，受成员群体身份影响。该群体成员身份就是群体认同，群体认同为群体信任重要的影响因素。不同群体的大学生在某一个群体身份上归属不同的群体，因而容易有隔阂与不信任，可是在历史发展与建构中，大学生作为社会成员，也可以共享其他的社会身份，如青少年、中国人等身份，通过构建更多的共同内群体认同培育大学生群体信任成为一个有效的路径。

从深层的群体认同与群体信任来看，认同与信任是存在一致性的，因为有了"他者"、有了"差异"，认同与信任才出现，当信任出现在一个群体成员的脑海里，就一定会有外群体出现。认同的本质就是信任，群体信任能真正将群体凝聚力落到实处。群体认同是群体信任的心理基础，群体信任是群体认同的必然结果。群体认同作为群体信任的前提，通过社会认同、社会认同威胁、共同点聚焦、群际情绪的调节和不确定感的激发等心理机制来影响群体信任。可以看到，认同是个体基于"相似"和"差异"而"求同"和"存异"的心理过程。个体一方面与某一类别相似，另外一方面又与其他类别不同。不过，认同是"求同"和"存异"同时进行的过程和结果，是两者的辩证统一，甚至可以说"存异"是认同不可或缺的前提。认同最终都是通过寻找相似与差异来确定自己和群体其他成员、自己所属群体与外群体的是否具有同一性，使个体获得对群体的"我们感"，从而产生情感的信任和联结。

本书在实证研究中用家庭所在地的地域来划分内外群体，发现构建一个更上位的身份认同——国家认同，能够促进来自不同地域大学生的群体信任，对国家认同越强，越信任来自其他地域的大学生。信任是对国家认同这一上位群体认同的结果，群际接触通过国家认同这个中介变量来增强群体信任。此实证研究也同时验证了个体对内群体及成员更加信任，符合社会认同理论的基本假设——内群体偏好。实证研究结论证明了增强现实大学生群体信任的逻辑，需将不同群体之间的信任（内群体对外群体信任)转化为同一个共同体的信任(更大、更具包摄性的内群体信任)。

高校应基于增强国家认同,强化各类大学生群体对国家的社会表征,弱化群体差异,将国家公民认同嵌套到大学生的各种群体认同之中,同时引导交叉分类,通过各种学习和社会活动增强群体信任,同时学校作为思想政治教育主体应通过心理学的"知""情""意""行"四个层次来增强群体认同,在思想政治教育中构建学习共同体、朋辈教育来促进大学生的群体信任。

对群体身份的认同可以增强群体信任。群体信任源自群际互动,受到现实情景的影响。从群际情境来说,增强群际接触可以有效地促进群体信任,尤其是高质量有积极情感卷入的群际接触。本研究中的一个核心结果——群际接触影响群体信任,是通过更具包摄性的一个内群体认同来实现的,也就是说,虽然分属不同群体大学生之间的接触会影响信任,但这并非必然,群际接触要通过一个更上位的内群体认同才能对信任产生有效的影响。因此,群体认同才是群际接触影响群体信任的关键。群际接触大致分为直接接触、间接接触与想象性接触。群际接触可以增加个体对外群体的了解,降低接触焦虑等消极情绪,产生共情的积极情绪,促进交换立场看待问题。一般而言,直接接触能让个体产生真实的体验,增强群体信任的效果最好,本书中的实证研究也证明直接接触能影响群体信任,并以团体辅导的形式来增加大学生的群际接触与互动,增强群体信任。因此,学校应积极发挥主体作用,创造条件,从小团体出发,将共同内群体认同作为目标,促进各类大学生群体的深层次接触与交流。

信任问题是社会面临的一个难题。不同群体之间的信任在各个学科领域逐渐成为一个研究热点,群体信任的相关研究刚刚起步,与现实情境密切相关的概念本身也非常复杂。本书虽然从社会心理学、思想政治教育等层面做了一些探索,但是还有诸多不足,将在日后继续做进一步的研究与探讨。

References

（一）经典著作

[1] 邓小平.邓小平文选：第1卷[M].北京：人民出版社,1994.

[2] 列宁.列宁全集：第2卷[M].北京：人民出版社,1987.

[3] 列宁.列宁全集：第4卷[M].北京：人民出版社,1995.

[4] 马克思,恩格斯.马克思恩格斯选集：第1卷[M].北京：人民出版社,1972.

[5] 马克思,恩格斯.马克思恩格斯选集：第4卷[M].北京：人民出版社,1972.

[6] 马克思,恩格斯.马克思恩格斯选集：第3卷[M].北京：人民出版社,2012.

[7] 毛泽东.毛泽东选集：第1卷[M].北京：人民出版社,1991.

[8] 习近平.习近平谈治国理政：第1卷[M].北京：人民出版社,2014.

[9] 习近平.习近平谈治国理政：第2卷[M].北京：外文出版社,2017.

[10] 习近平.习近平谈治国理政：第3卷[M].北京：外文出版社,2020.

（二）中文专著

[1] 陈晓晨.美国亚裔青少年友谊选择与群际态度的关系研究[M].北京：知识产权出版社,2017.

[2] 翟学伟,薛天山.社会信任：理论及其应用[M].北京：中国人民大学出版社,2014.

[3] 樊富珉,何瑾.团体心理辅导[M].上海：华东师范大学出版社,2010.

[4] 费孝通.费孝通民族研究文集[M].北京：民族出版社,1988.

[5] 费孝通.中华民族多元一体格局[M].北京：中央民族学院出版社,1989.

[6] 郭慧云.论信任[M].重庆：西南师范大学出版社,2016.

［7］贺雯.群际关系的理论和实证研究［M］.北京：光明日报出版社，2012.

［8］侯春娜.面孔——群际信任的进化密码［M］.北京：科学出版社，2017.

［9］金炳镐.马克思主义民族理论发展史［M］.北京：中央民族大学出版社，2007.

［10］李友梅，肖瑛，黄晓春.社会认同：一种结构视野的分析：以美、德、日三国为例［M］.上海：上海人民出版社，2007.

［11］马戎.民族社会学——社会学的族群关系研究［M］.北京：北京大学出版社，2004.

［12］沙莲香.社会心理学［M］.2版.北京：北京大学出版社，2006.

［13］时蓉华.现代社会心理学［M］.上海：华东师范大学出版社，1989.

［14］孙杰远.个体、文化、教育与国家认同：少数民族学生国家认同和文化融合研究［M］.北京：商务印书馆，2019.

［15］王明珂.华夏边缘：历史记忆与族群认同［M］.北京：社会科学文献出版社，2006.

［16］王瑞萍，赵国军，董捷.高校国家认同教育研究［M］.北京：中国社会科学出版社，2017.

［17］吴晓萍，徐杰舜.中华民族认同与认同中华民族［M］.哈尔滨：黑龙江人民出版社，2009.

［18］俞国良.社会心理学［M］.北京：北京师范大学出版社，2006年.

［19］张旭东.全球化时代的文化认同［M］.北京：北京大学出版社，2006.

［20］郑航.国家认同与爱国主义教育［M］.广州：中山大学出版社，2016

［21］周晓虹.现代社会心理学：多维视野中的社会行为研究［M］.上海：上海人民出版社，1997年.

（三）中文译著

［1］［澳］迈克尔·A.豪格，［英］多米尼克·阿布拉姆斯.社会认同过程［M］.高明华，译.北京：中国人民大学出版社，2011.

［2］［德］迪特·森格哈斯.文明内部的冲突与世界秩序［M］.张文武，等译.北京：新华出版社，2004.

[3] [法]图海纳.我们能否共同生存?——既彼此平等又互有差异[M].狄玉明,等译.北京:商务印书馆,2003.

[4] [加]查尔斯·泰勒.自我的根源:现代认同的形成[M].韩震,等译.南京:译林出版社,2012.

[5] [美]弗朗西斯·福山.信任:社会道德与繁荣的创造[M].李宛蓉,译.呼和浩特:远方出版社,1998.

[6] [美]本尼迪克特·安德森.想象的共同体:民族主义的起源与散布[M].吴叡人,译.上海:上海人民出版社,2005.

[7] [美]哈罗德·伊罗生.群氓之族:群体认同与政治变迁[M].邓伯宸,译.桂林:广西师范大学出版社,2015.

[8] [美]玛丽莲·布鲁尔.我们 你们 他们:群际关系心理学揭秘[M].李卫华,译.北京:机械工业出版社,2016.

[9] [美]曼纽尔·卡斯特.认同的力量[M].曹荣湘,译.北京:社会科学文献出版社,2006.

[10] [美]塞缪尔·亨廷顿.文明的冲突与世界秩序的重建[M].周琪,译.北京:新华出版社,2010.

[11] [英]安东尼·D.史密斯.民族认同[M].王娟,译.南京:译林出版社,2018.

[12] [英]奇格蒙特·鲍曼.共同体:在一个不确定的世界中寻找安全[M].欧阳景根,译.南京:江苏人民出版社,2003.

(四)中文期刊论文

[1] [英]多米尼克·艾布拉姆斯.社会认同的过程[J].王兵,译.社会心理研究,2007(2).

[2] 艾传国,佐斌.单类内隐联想测验(SC-IAT)在群体认同中的初步应用[J].中国临床心理学杂志,2011(4).

[3] 安琦.高校文化的核心是爱和信任[J].群言,2020(11).

[4] 白晓丽,七十三,乌云特娜,姜永志.心理学视域中民族认同研究的嬗变与发展[J].西南大学学报(社会科学版),2020(6).

［5］柴民权,管健.新生代农民工积极群际接触的有效性:基于群体身份与认同视角[J].心理科学,2015(5).

［6］柴民权,王骥.医患信任危机发生机制探察——基于群际关系的视角[J].南京师大学报(社会科学版),2016(2).

［7］陈春萍,张琼引.网络思想政治教育中的主客体信任困境及其化解[J].吉首大学学报(社会科学版),2019(3).

［8］陈德琼,王燕娟.思想政治教育者和教育对象信任关系建构[J].老字号品牌营销,2020(5).

［9］陈辉.从差异性到共同性:中华民族共同体认同形成的内在逻辑[J].西北民族大学学报(哲学社会科学版),2018(4).

［10］陈满琪.自我类别化及其对群际关系的影响[J].青年研究,2019(5).

［11］陈明玉,尹秀娟.高校思想政治教育中师生信任关系研究[J].文教资料,2021(14).

［12］陈涛,谭晓虹,胡媛.大学生群体认同与个体化倾向的关系:自我效能、情感智力的中介效应[J].心理学报,2012(11).

［13］陈翔.群体认同与个人本位——中西传统文化的人格理想比较[J].西南科技大学学报(哲学社会科学版),2008(1).

［14］陈小娇.民族文化认同研究综述[J].思想战线,2013(A2).

［15］陈新.人民主体性视阈下中华民族共同体认同构建[J].中南民族大学学报(人文社会科学版),2021(9).

［16］陈瑛,郎维伟.中华民族共同体意识与"五个认同"关系再探析[J].北方民族大学学报(哲学社会科学版),2020(1).

［17］陈永涌,李艺.社会认同视角下中华民族共同体意识的形成机理及实践路径[J].民族教育研究,2022(2).

［18］陈永涌,任梓荣.中华民族共同体意识的社会心理机制研究[J].民族教育研究,2020(2).

［19］陈佑清.体验及其生成[J].教育研究与实验,2002(2).

［20］陈越柳.分类与秩序:群体认同的行为基础与现代困境[J].中南民族大学学报(人文社会科学版),2020(4).

[21] 程北玲,马淑萍.同辈群体环境对学校德育的影响[J].品位·经典,2022(13).

[22] 程淑华,李欣,韩毅初.群际接触对外群体信任的影响:内群体认同的中介效应[J].心理学探新,2017(1).

[23] 程淑华,李欣,韩毅初.群际接触对外群体信任的影响:内群体认同的中介效应[J].心理学探新,2017(1).

[24] 崔丽娟."群际关系视野下的群体心理与群体行为"专题简介[J].心理技术与应用,2017(4).

[25] 党宝宝,高承海,万明钢.群际接触次级转移效应(STE)的心理机制与影响因素[J].心理科学,2016(6).

[26] 党宝宝,高承海,杨阳,万明钢.群际威胁:影响因素与减少策略[J].心理科学进展,2014(4).

[27] 党宝宝,周雨田.社会互动视角下群体信任的影响机理与促进策略[J].甘肃理论学刊,2022(4).

[28] 邓新星.论中华民族共同体认同感的建构[J].西北民族大学学报(哲学社会科学版),2016(5).

[29] 董才生,王彦力.论社会信任制度培育的内在机制[J].长白学刊,2014(4).

[30] 董祥宾.论思想政治教育视阈中的信任[J].广西社会科学学,2019(4).

[31] 凡景强,李霄翔.教育信任:提升高校思想政治教育公信力的关键[J].河南师范大学学报(哲学社会科学版),2022(2).

[32] 樊昊.认同、文化与制度:铸牢中华民族共同体意识的三维向度[J].云南行政学院学报,2022(5).

[33] 范可.信任、认同与"他者":族群和民族省思[J].广西民族大学学报(哲学社会科学版),2013(6).

[34] 范迎春.社会心理学视角下政治认同生成机制研究[J].山东社会科学,2011(12).

[35] 方亚琴.网络、认同与规范:社区信任的形成机制——以三个不同类型的社区为例[J].学术论坛,2015(3).

[36] 冯雪红,张文文.中华文化认同研究现状及展望[J].贵州民族研究,

2020(3).

[37] 冯英华,汪盛玉.思想政治教育信任关系的建立与维系——基于对马克思主义经典著作的考察[J].广西社会科学,2021(10).

[38] 冯勇.族际信任研究述评[J].新疆社科论坛,2021(1).

[39] 冯媛媛,池丽萍.大学生自尊、人际信任与生活满意度的关系[J].心理研究,2013(6).

[40] 高承海,侯玲,万明钢.民族接触促进跨民族互动的心理机制[J].西北师大学报(社会科学版),2014(6).

[41] 高承海,万明钢.群际接触减少偏见的机制:一项整合的研究[J].心理科学,2018(4).

[42] 高承海,王荣霞,孙中芳.民族接触减弱民族本质论:文化认同与文化相似性的中介作用[J].心理科学,2020(2).

[43] 高承海,杨阳,董彦彦,万明钢.群际接触理论的新进展:想象性接触假说[J].世界民族,2014(4).

[44] 高承海.消极刻板印象和群际焦虑:阻碍群际交往的重要因素[J].心理学探新,2019(2).

[45] 高承海.中华民族共同体意识:内涵、意义与铸牢策略[J].西南民族大学学报(人文社科版),2019(12).

[46] 高明,卢伟.思想政治教育中师生信任生成路径探析——基于对已有路径的反思[J].教育与教学研究,2015(12).

[47] 高原.重建学校教育中的信任文化——基于两则热搜新闻的思考[J].教育导刊,2021(11).

[48] 弓民.社会转型背景下大学生信任问题研究[J].河南社会科学,2015(4).

[49] 管健,郭倩琳.国家认同概念边界与结构维度的心理学路径[J].西南民族大学学报(人文社科版),2019(3).

[50] 管健,乐国安.社会表征理论及其发展[J].南京师大学报(社会科学版),2007(1).

[51] 管健,荣杨.共同内群体认同:建构包摄水平更高的上位认同[J].西北师大学报(社会科学版),2020(1).

[52] 管健,王源,艾丽菲热·吾甫尔.外来务工人员主观社会阶层、刻板印象威胁及认同管理策略:基于性别差异的视角[J].心理学探新,2017(5).

[53] 管健.跨民族友谊:铸牢中华民族共同体意识的积极路径[J].西南民族大学学报(人文社科版),2020(4).

[54] 管健.群际焦虑的因果关系模型与影响变量[J].西北师大学报(社会科学版),2017(4).

[55] 郭乐祥.心理学视域下大学生社会主义核心价值观认同机制的研究[J].理论观察,2019(10).

[56] 哈罗德·伊罗生,邓伯宸.《群氓之族:群体认同与政治变迁》[J].红岩春秋,2015(3).

[57] 韩震.论国家认同、民族认同及文化认同——一种基于历史哲学的分析与思考[J].北京师范大学学报(社会科学版),2010(1).

[58] 郝亚明.社会认同视域下的中华民族共同体意识探析[J].西北民族研究,2020(1).

[59] 何晓丽,谢荣慧.群体共情对群际关系的影响:基于社会冲突解决的视角[J].心理科学,2018(1).

[60] 何雪琴.西方群际接触理论的相关研究及展望[J].民族高等教育研究,2020(1).

[61] 胡琳丽,杨宜音,郭晓凌.信任的"差序格局"与"中位优势"——当代中国"90后"青年的信任模式研究[J].哈尔滨工业大学学报(社会科学版),2020(5).

[62] 胡琳丽,杨宜音,郭晓凌.转型期城市居民群际信任的层级性特征——基于深圳、哈尔滨、烟台调查数据的探索性研究[J].学术研究,2016(6).

[63] 胡兆义.双重认同的整合:多民族国家认同建构的政策评析[J].广西民族研究,2015(5).

[64] 黄荣贵,孙小逸.社会互动、地域认同与人际信任——以上海为例[J].社会科学,2013(6).

[65] 黄维,欧海钊,施湘元.高校学生资助对大学生社会信任的影响研究[J].长沙理工大学学报(社会科学版),2021(4).

[66] 黄彦军.社会主义核心价值观融入高校立德树人全过程的路径选择[J].当代教育实践与教学研究,2017(8).

[67] 黄艳.高校思想政治教育信任机制研究[J].广西青年干部学院学报,2013(6).

[68] 黄殷,寇彧.群体独特性对群际偏差的影响[J].心理学探新,2018(2).

[69] 霍广田,李颖馨,王瑶."00后"大学生思想政治认同状况调查分析[J].青少年学刊,2022(3).

[70] 贾秀娟,王国红.微时代背景下大学生国家认同教育路径探析[J].吉林工程技术师范学院学报,2022(9).

[71] 姜玉琴.民汉合校中影响学生族群交往意愿的因素分析[J].新疆大学学报(哲学人文社会科学版),2013(2).

[72] 蒋文静,祖力亚提·司马义.学校铸牢中华民族共同体意识的逻辑层次及实践路径[J].民族教育研究,2020(1).

[73] 金奇.思想政治教育中的信任及其改善[J].现代教育科学,2019(11).

[74] 金志远.论国家认同与民族(族群)认同的共生性[J].前言,2010(10).

[75] 柯梦春,俞王毛."互联网+"背景下高校师生信任关系的危机与重建[J].南昌师范学院学报,2020(5).

[76] 郎维伟,陈瑛,张宁.中华民族共同体意识与"五个认同"关系研究[J].北方民族大学学报(哲学社会科学版),2018(3).

[77] 黎玉明,侯波.思想政治教育信任形成机理与信任培育[J].湛江师范学院学报,2012(1).

[78] 李灿金.认同理论研究多学科流变[J].贵州大学学报(社会科学版),2014(1).

[79] 李芳,张智武.浅析新时代大学生民族精神培育的心理路径[J].现代交际,2020(14).

[80] 李富民,姜涛,何璐.当代大学生信任结构及其影响因素[J].学园,2022(24).

[81] 李静,强健.共同内群体认同视角下铸牢中华民族共同体意识研究[J].西南民族大学学报(人文社会科学版),2021(10).

[82] 李鹏.民族认同、利益联结与两岸命运共同体的信任深化[J].台湾研究, 2010(5).

[83] 李伟强,汤明,宋彩荣,吴旭秋,袁博.群体认同与社会评价对消极群体情绪的影响[J].宁波大学学报(教育科学版),2020(1).

[84] 李晓霞.刍议大学生价值观认同的心理学特征[J].才智,2018(3).

[85] 李雅宁,杨伊生.文化依恋对外群体信任的影响[J].内蒙古师范大学学报(自然科学汉文版),2023(1).

[86] 李义成,魏艳平."四史"教育融入高中立德树人全过程:价值意蕴、现实观照与路径选择[J].教育科学论坛,2022(29).

[87] 梁芳美,肖子伦,包燕,赵玉芳.共同内群体认同对心理融合的促进效应及其机制[J].心理科学,2020(5).

[88] 梁芳美.共同内群体认同对壮族大学生解释偏向的影响研究[J].河池学院学报,2022(1).

[89] 梁罡,唐贤秋.开启铸牢中华民族共同体意识的信任密码[J].广西民族大学学报(哲学社会科学版),2021(6).

[90] 梁豪,努尔古丽·玉苏甫.社会认知视角的虚假意识——基于《资本论》的分析[J].上海理工大学学报(社会科学版),2017(2).

[91] 林春蓉.社会转型期大学生政治信任培育机制的探索[J].东华大学学报(社会科学版),2014(2).

[92] 林佩钰,姚晓瑜,林晓岚,张洁.新媒体环境下大学生政治信任现状与培育机制研究[J].智库时代,2020(3).

[93] 刘兵良.社群群体意识国外研究述评[J].商,2015(3).

[94] 刘春晓,刘立志,王丹,陈文锋.集体仪式促进群体情绪感染的机制[J].心理科学进展,2022(8).

[95] 刘翠芬,贾素波.评《铸牢中华民族共同体意识若干重要问题研究》[J].社科纵横,2022(5).

[96] 刘峰,张国礼.想象积极群际接触与群际关系改善实验研究述评[J].心理科学,2014(2).

[97] 刘峰,佐斌.群际接触中的群际隔离微生态[J].心理科学,2018(1).

[98] 刘峰,佐斌.群际情绪理论及其研究[J].心理科学进展,2010(6).

[99] 刘海涛.滕尼斯"共同体"理论的中国化及其当代意义——兼论中华民族共同体理论构建的创新发展[J].北方民族大学学报,2021(1).

[100] 刘吉昌,曾醒.情感认同是铸牢中华民族共同体意识的核心要素[J].中南民族大学学报(人文社会科学版),2020(6).

[101] 刘珂."信任"理念的嬗变——休谟、马克思、吉登斯的信任谱系[J].南华大学学报(社会科学版),2016(3).

[102] 刘丽,刘梦虹.社交媒体时代大学生网络人际信任的培育[J].广西科技师范学院学报,2020(3).

[103] 刘柳."同辈群体"环境对高校思想政治教育的影响及对策[J].内蒙古财经大学学报,2021(2).

[104] 刘晓霞.心理学上信任的建立分析[J].品牌(下半月),2015(5).

[105] 刘阳,孙秀玲,李红,龙长权.维吾尔族大学生面孔识别的本族效应:群际接触的影响[J].心理科学,2014(3).

[106] 刘阳,闻素霞,于海涛."民汉一体化教学"模式下群际接触对跨民族交往的影响——以新疆高校蒙古族和汉族大学生为例[J].民族教育研究,2017(1).

[107] 刘阳.群际接触理论的研究进展[J].理论观察,2017(2).

[108] 刘雍江,林可勇,左全顺.布依、苗族大学生双文化认同整合与内、外群体认同的关系[J].科教导刊,2017(33).

[109] 刘永红.族群及其未来:我们如何面对——读哈罗德·伊罗生《群氓之族——群体认同与政治变迁》[J].西北民族研究,2010(1).

[110] 刘瑜.构建民族高校信任和谐民族关系的思考[J].黑龙江民族丛刊,2014(1).

[111] 刘长星.交往、教育与共同文化——论新疆民族关系中的信任问题[J].沈阳大学学报(社会科学版),2014(3).

[112] 刘中起,孙时进.情感与效能:集体行动中群体认同的理论与实践视阈[J].西南民族大学学报(人文社科版),2016(8).

[113] 龙飞腾,刘国华,蔡建雯,张孟佳.群际关系研究的回顾与展望[J].应用心

理学,2020(4).

[114] 罗春秋,朱云生,代俊.认同与构建:新中国成立以来少数民族文化政策变迁研究[J].贵州民族研究,2020(2).

[115] 罗平,张雁军.民族认同的心理学研究述评与展望[J].上海师范大学学报(哲学社会科学版),2011(1).

[116] 马慧兰,陈茂荣.论民族认同与国家认同一体化路径选择[J].中南民族大学学报,2011(4).

[117] 马庆."虚假意识"的意义和价值——论西方马克思主义意识形态研究的一个理论缺陷[J].毛泽东邓小平理论研究,2014(3).

[118] 孟卫军.心理学与社会心理学视域下的信任研究[J].中外企业家,2014(30).

[119] 孟小红.城乡大学生刻板印象与元刻板印象的特征调查分析[J].中国统计,2013(7).

[120] 苗瑞凯,刘海燕.基于群体认同的群体冲突化解的社会治理策略[J].经济研究参考,2015(45).

[121] 纳日碧力戈.中华民族共同体认同的创新思考[J].中国民族,2017(Z1).

[122] 南日.情感依恋视域下大学生中华民族共同体意识的铸牢路径[J].黑龙江教师发展学院学报,2023(2).

[123] 皮家胜.马克思恩格斯的虚假意识概念及其解释学意义[J].学术研究,2015(12).

[124] 秦向荣,佐斌.民族认同的心理学实证研究:11~20岁青少年民族认同的结构和状况[J].湖北民族学院学报(哲学社会科学版),2007(6).

[125] 屈蕾,王晓颖.心理学关于信任与运气的研究评述[J].社科纵横(新理论版),2010(3).

[126] 权珊珊,晏碧华,赵玉芳.自我不确定性、认同复杂性对群体认同影响的实验研究[J].心理研究,2015(1).

[127] 沈卫荣.汉藏交融与民族认同[J].读书,2010(1).

[128] 石晶,郝振,崔丽娟.群体认同对极端群体行为的影响:中介及调节效应的检验[J].心理科学,2012(2).

[129] 石义彬,熊慧,彭彪.文化身份认同演变的历史与现状分析[J].心理科学进展,2007(3).

[130] 宋仕婕,佐斌,温芳芳,谭潇.群体认同对群际敏感效应及其行为表现的影响[J].心理学报,2020(8).

[131] 苏炯铭,刘宝宏,李琦,马宏绪.社会群体中观点的信任、演化与共识[J].物理学报,2014(5).

[132] 苏泽宇.认同视阈下中华民族共同体意识的建构[J].学术研究,2020(9).

[133] 孙涛,梁芳美,赵玉芳.共同内群体认同对群体帮助的提升作用及其机制[J].中国社会心理学评论,2019(2).

[134] 孙晓玲,吴明证.大学生自尊、拒绝敏感性、人际信任与社会焦虑的关系[J].中国临床心理学杂志,2011(4).

[135] 唐桦.群际接触与偏见:交流中台湾青年的心理机制[J].台湾研究集刊,2017(6).

[136] 唐书明.认同理论演变中的民族认同[J].思想战线,2008(2).

[137] 唐贤秋,吴成林.民族信任的内涵、特征与实现路径[J].中南民族大学学报(人文社会科学版),2020(5).

[138] 唐贤秋.信任:构建和谐民族关系的社会基础[J].广西民族研究,2006(2).

[139] 唐兴军,王可园.新生代农民工的身份认同困境探析——基于信任的视角[J].华中农业大学学报(社会科学版),2014(5).

[140] 汪汇,陈钊,陆铭.户籍、社会分割与信任:来自上海的经验研究[J].世界经济,2009(10).

[141] 王福革.铸牢中华民族共同体意识之文化认同研究[J].学术探索,2019(4).

[142] 王付欣,易连云.论民族认同的概念及其层次[J].青海民族研究,2011(1).

[143] 王庚.校园科层下大学生交往模式的跨族群比较[J].青年研究,2018(1).

[144] 王俊秀,周迎楠,裴福华.社会心理服务体系建设视角下铸牢中华民族共同体意识的路径——基于共同内群体认同理论[J].民族学刊,2021(5).

[145] 王开庆,刘林平.群际交往、人际信任与社会距离——城市居民与农民工

的群际关系研究[J].云南大学学报(社会科学版),2015(4).

[146] 王磊.同辈群体视域下的大学生思想政治教育[J].佳木斯教育学院学报,2011(8).

[147] 王丽琼.当代大学生信任感现状的调查研究[J].决策与信息,2016(11).

[148] 王琳.论思想政治教育客体的认同机制[J].太原城市职业技术学院学报,2020(231).

[149] 王璐.同辈群体的现实交往对高校思想政治教育的影响及引导[J].山西青年职业学院学报,2020(1).

[150] 王沛,胡发稳.民族文化认同:内涵与结构[J].上海师范大学学报(哲学社会科学版),2011(1).

[151] 王涛.心理学视域下的德育认同[J].教学与管理,2017(12).

[152] 王伟.增强族际信任:当前我国民族事务治理的重要任务[J].中央民族大学学报(哲学社会科学版),2017(6).

[153] 王晓玲.论群际接触对跨文化敏感的影响——一项基于民族院校和非民族院校学生的实证研究[J].宁夏社会科学,2012(1).

[154] 王学俭,杨昌华.思想政治教育过程中的信任因素研究[J].教学与研究,2017(6).

[155] 王亚鹏.少数民族大学生认同研究现状[J].心理科学进展,2002(1).

[156] 王云芳.民族信任模式演化的理论逻辑和现实悖论[J].甘肃理论学刊,2013(5).

[157] 万明钢,王舟.族群认同、族群认同的发展及测定与研究方法[J].世界民族,2007(3).

[158] 韦庆旺,谢天.群体心理研究:群际关系为核心的变革[J].黑龙江社会科学,2012(3).

[159] 温芳芳,佐斌.社会分类的概念、线索及影响机制[J].心理科学,2019(2).

[160] 吴月刚,肖锐,金炳镐.试论习近平新时代民族工作思想体系[J].民族研究,2017(6).

[161] 伍麟."信任危机"的心理学解析[J].苏州大学学报(教育科学版),2014(4).

[162] 武永江,邓斌.铸牢中华民族共同体意识的信任内涵、价值及其策略[J].福建省社会主义学院学报,2020(1).

[163] 向洲,严磊,张艳红,胡修银,吴博文,陈婉仪,陈赛,杨林川.社会认同形成的认知过程:社会认同整合模型[J].心理技术与应用,2020(7).

[164] 肖灵.民族团结如何应对现代性断裂的挑战——以族际信任作为理论工具的考察[J].中南民族大学学报(人文社会科学版),2020(2).

[165] 谢威士.当代大学生中华民族认同的现状研究[J].石家庄学院学报,2012(6).

[166] 解晓娜.元刻板印象信息对汉族学生与维吾尔族学生群际关系的影响[J].校园心理,2016(2).

[167] 辛素飞,明朗,辛自强.群际信任的增进:社会认同与群际接触的方法[J].心理科学进展,2013(2).

[168] 辛素飞,辛自强.社会身份复杂性的研究:理论、方法与进展[J].心理科学进展,2012(3).

[169] 辛自强,高芳芳,张梅.人际—群际信任的差异:测量与影响因素[J].上海师范大学学报(哲学社会科学版),2013(1).

[170] 辛自强,辛素飞.增进群际和谐的社会心理学路径[J].心理技术与应用,2013(2).

[171] 邢渊渊.论社会心理学视阈下传媒与国家认同的关系[J].新闻传播,2018(2).

[172] 徐畅,王晓刚.国内民族认同的心理学研究述评[J].三峡大学学报(人文社会科学版),2017(S1).

[173] 徐亮,肖星.高职生群体认同及其与自尊、学校认同关系的研究[J].广东交通职业技术学院学报,2013(4).

[174] 徐苗,张莘,李雪婷,方慧珍,杨圣敏,刘嘉.中国新疆维汉间内隐态度信任研究[J].西北民族研究,2015(1).

[175] 许春玲,任晃晃.唯物史观视域下中华民族共同体意识初探[J].延边大学学报(社会科学版),2022(6).

[176] 薛婷,陈浩,乐国安.社会认同对集体行动的作用:群体情绪与效能路

径[J].心理学报,2013(8).

[177] 严磊,原毅仁,王娟,张艳红,杨林川.社会认同对抑郁的影响及其理论解释[J].心理科学进展,2022(4).

[178] 严磊,佐斌,张艳红,吴漾,杨林川.交叉分类及其对刻板印象的影响[J].心理科学进展,2018(7).

[179] 颜华,伍思敏,苏瑞浓.社会认同视角下香港青年群体意识及与其长效交流机制研究[J].广西教育学院学报,2018(1).

[180] 杨国亮,卫海英.社会比较倾向和群体认同对群际信任的影响——对品牌群危机过程的实证研究[J].商业经济与管理,2016(9).

[181] 杨海萍.新疆大学生国家认同教育的现状调查与路径选择[J].新疆师范大学学报,2010(4).

[182] 杨钧期,欧阳辉纯.新时代民族信任路径再探——兼与唐贤秋教授商榷[J].长江师范学院学报,2021(6).

[183] 杨鹍飞.中华民族共同体认同的理论与实践[J].新疆师范大学学报(哲学社会科学版),2016(1).

[184] 杨兰,白苏婷.认同概念多学科释义与整合[J].人民论坛,2014(34).

[185] 杨晓莉,刘力,崔淼,杨萌.社会类别的心理本质论研究述评[J].宁夏大学学报(人文社会科学版),2012(5).

[186] 杨晓莉,刘力,李琼,弯美娜.社会群体的实体性:回顾与展望[J].心理科学进展,2012(8).

[187] 杨晓莉,刘力.藏族大学生的群体认同对跨民族交往的影响[J].湖北民族学院学报(哲学社会科学版),2015(6).

[188] 杨宜音.关系化还是类别化:中国人"我们"概念形成的社会心理机制探讨[J].中国社会科学,2008(4).

[189] 杨英,陆青峰.新疆维吾尔族中学生中华民族认同现状的调查研究[J].基础教育研究,2009(13).

[190] 杨昭宁,贾蕊,陈祥丽.高中生自尊和人际信任的关系研究[J].中国健康心理学杂志,2007(1).

[191] 易莉.对群际接触理论的批驳与拓展——兼论高校民族学生关系发展的

新思路[J].岭南师范学院学报,2016(2).

[192] 殷融,张菲菲.群体认同在集群行为中的作用机制[J].心理科学进展,2015(9).

[193] 殷融.棘手冲突的情绪研究取向:作用机制与调节策略[J].南京晓庄学院学报,2020(3).

[194] 尹旦萍.边疆少数民族大学生中华文化认同现状调查——以Z民族大学为例[J].中南民族大学学报(人文社会科学版),2017(6).

[195] 尹亮.四海一家:中华民族共同体意识的历史叙事传统[J].中南民族大学学报(人文社会科学版),2022(6).

[196] 尹学朋,王国宁.公民认同需求梯度化:铸牢少数民族学生中华民族共同体意识实现路径[J].广西民族研究,2020(6).

[197] 于海涛,杨金花,张雁军,金盛华.想象接触减少偏见:理论依据、实践需要与作用机制[J].心理科学进展,2013(10).

[198] 于海涛.试论跨界民族国家认同的特点[J].兵团教育学院学报,2012(4).

[199] 于玉慧,周传斌."四个共同":中华民族共同体理论阐释的新向度[J].贵州民族研究,2021(6).

[200] 余康,张艳红.文化认同研究综述[J].新西部(理论版),2014(14).

[201] 宇文利.高校思想政治理论课信任危机论析[J].唐山学院学报,2021(5).

[202] 喻嘉乐,顾青青.现代信任转向中思想政治教育的困境及其超越[J].思想教育研究,2014(2).

[203] 岳金霞.后真相时代思想政治教育师生信任关系的建立[J].重庆理工大学学报(社会科学),2021(1).

[204] 岳永杰,刘兆芙.多元文化背景下加强对民族院校大学生中华文化认同教育的思考[J].民族教育研究,2017(6).

[205] 詹妮·佩拉贝,曲云英.社群主义的平等:按对群体认同的贡献分配[J].国际社会科学杂志(中文版),2019(4).

[206] 张宝蓉,陈泽光,何晓繁,柳小琴.大陆高校台生的群际关系与融合发展研究[J].台湾研究集刊,2022(3).

[207] 张大卫.群际接触理论对西藏民族团结教育的启示[J].黑龙江民族丛刊,

2016(5).

[208] 张国祥,姜伯奎,唐豪.中华文化认同的基因、现实问题及未来走向[J].武陵学刊,2019(4).

[209] 张建玲,赵玉芳.群际威胁与对内群体和外群体支持决策的关系研究[J].西南大学学报(自然科学版),2012(4).

[210] 张建伟.网络协作探究学习的设计[J].中国电化教育,2003(9).

[211] 张立辉,许华峰.积极培育中华民族共同体意识路径探析——以西南大学民族团结教育为例[J].西南民族大学学报(人文社会科学版),2015(5).

[212] 张鹏.对中国和平发展的社会心理学分析——基于"社会认同"理论的视角[J].江南社会学院学报,2019(1).

[213] 张婍,冯江平,王二平.群际威胁的分类及其对群体偏见的影响[J].心理科学进展,2009(2).

[214] 张汝立,刘帅顺.社区治理共同体建设中的信任机制：类型、特征与再生产[J].求实,2022(1).

[215] 张淑华,李海莹,刘芳.身份认同研究综述[J].心理研究,2012(1).

[216] 张文新,林崇德.青少年的自尊与父母教育方式的关系——不同群体间的一致性与差异性[J].心理科学,1998(6).

[217] 张小军."中华民族共同体"的差序格局及其文化实践[J].广西民族大学学报(哲学社会科学版),2020(1).

[218] 张新明.关于构建学习型网络社区的几点思考[J].中国远程教育,2001(9).

[219] 张艳红,佐斌.民族认同的概念、测量及研究述评[J].心理科学,2012(2).

[220] 张燕.社会信任和民族刻板印象在农民工流动中的作用——基于在京彝族建筑业农民工的个案研究[J].广西民族师范学院学报,2016(2).

[221] 张友国.族群认同与国家认同：和谐何以可能[J].首都师范大学学报,2008(5).

[222] 张震.信任是学校思想政治教育的法宝[J].考试(教研版),2012(5).

[223] 张志丹.马克思"虚假意识"思想新解[J].社会科学,2018(3).

[224] 章国平,李云辉.转型时期大学生的社会信任问题研究[J].东华理工大学

学报(社会科学版),2016(1).

[225] 赵鹤宾,王昌成,夏勉,王旭杰.积极接触与消极接触对群际关系的影响[J].心理科学进展,2020(2).

[226] 赵建超.网络思想政治教育中的主体信任危机及破除[J].江西科技师范大学学报,2021(1).

[227] 赵菊.社群视域下大学生身份认同问题[J].湖北经济学院学报(人文社会科学版),2018(3).

[228] 赵娟.团体心理辅导对高职学生人际信任影响的实证研究[J].吉林省教育学院学报,2021(6).

[229] 赵科,杨丽宏.民族认同、民族文化认同和主流文化认同对少数民族学生幸福感的影响[J].民族教育研究,2019(5).

[230] 赵玉芳,梁芳美.共同内群体认同促进民族心理融合:双向度测量与SC-IAT检验[J].西北师大学报(社会科学版),2019(3).

[231] 赵卓嘉.自己人认同:基于西方内群体认同概念的研究[J].社会心理科学,2015(5).

[232] 郑普建.人类命运共同体对共同体理论的创新与发展——基于滕尼斯共同体理论的视角[J].甘肃理论学刊,2020(6).

[233] 钟苗苗.关于想象性群际接触的探析[J].科教导刊(下旬),2015(33).

[234] 周天爽,胡琴,崔丽娟.共同内群体认同与群际帮助意愿:群际威胁的中介作用[J].心理研究,2018(4).

[235] 周子伦,刘樊德."共同体"概念词源、译介及人类命运共同体思想脉络考察[J].北京社会科学,2022(11).

[236] 朱碧波.论中华民族共同体的多维建构[J].青海民族大学学报(社会科学版).2016(1).

[237] 朱家德."双一流"建设中大学教师管理制度信任研究[J].现代大学教育,2017(3).

[238] 朱颖.社会认同视野下大学生群体归属感研究[J].大学教育,2013(8).

[239] 邹珉玥,孙永健,赵玉芳.群体认同预测群际威胁:个体自尊与集体自尊的作用[J].保健医学研究与实践,2016(4).

［240］祖力亚提·司马义.学校中的族群融合与交往的族群隔离［J］.社会科学战线,2008(6).

［241］佐斌,艾传国.群体认同、自尊和心理疾病污名的关系［J］.应用心理学,2011(4).

［242］佐斌,秦向荣.中华民族认同的心理成分和形成机制［J］.上海师范大学学报(哲学社会科学版),2011(4).

［243］佐斌,温芳芳,宋静静,代涛涛.社会分类的特性、维度及心理效应［J］.心理科学进展,2019(1).

［244］佐斌,徐同洁.低地位群体的内/外群体偏好：基于 SC-IAT 的检验［J］.心理研究,2015(1).

(五) 外文期刊论文

［1］Balliet D, Van Lange P A M. Trust, conflict, and cooperation: a meta-analysis［J］. *Psychological Bulletin*, Vol. 139, No. 5, 2013.

［2］Balliet D, Wu J, De Dreu C K W. Ingroup favoritism in cooperation: a meta-analysis［J］. *Psychological Bulletin*, Vol. 140, No. 6, 2014.

［3］Berry J W. Acculturation: Living successfully in two cultures［J］. *International Journal of Intercultural Relations*, Vol. 29, No. 6, 2005.

［4］Berry J W. A psychology of immigration［J］. *Journal of Social Issues*, Vol. 57, No. 3, 2001.

［5］Berry J W. Intercultural relations in plural societies［J］. *Canadian Psychology/ Psychologie Canadienne*, Vol. 40, No. 1, 1999.

［6］Berry J W. Psychology of acculturation: Understanding individuals moving between cultures［M］// Brislin R. W. (Ed.), *Applied Cross-cultural Psychology*. SAGE Publications, Inc., 1990.

［7］Binder J, Zagefka H, Brown R, Funke F, Kessler T, Mummendey A, Maquil A, Demoulin S, and Leyens J P. Does contact reduce prejudice or does prejudice reduce contact? A longitudinal test of the contact hypothesis among majority and minority groups in three European countries［J］.

Journal of Personality and Social Psychology, Vol. 96, No. 4, 2009.

[8] Blascovich J, Mendes W B, Hunter S B, Lickel B, and Kowai-Bell N. Perceiver threat in social interactions with stigmatized others[J]. *Journal of Personality and Social Psychology*, Vol. 80, No. 2, 2001.

[9] Branscombe N R, Spears R, Ellemers N, and Doosje B. Intragroup and intergroup evaluation effects on group behavior[J]. *Personality and Social psychology Bulletin*, Vol. 28, No. 6, 2002.

[10] Brewer M B, Gardner W. Who is this "we"? Levels of collective identity and self representations[J]. *Journal of Personality and Social Psychology*, Vol. 71, No. 1, 1996.

[11] Brewer M B. The psychology of prejudice: Ingroup love and outgroup hate? [J] *Journal of Social Issues*, Vol. 55, No. 3, 1999.

[12] Brylka A, Mähönen T A, Schellhaas F M, and Jasinskaja-Lahti I. From cultural discordance to support for collective action: The roles of intergroup anxiety, trust, and group status [J]. *Journal of Cross-Cultural Psychology*, Vol. 46, No. 7, 2015.

[13] Cabon-Dhersin M L. Ramani S V. Opportunism, trust and cooperation a game theoretic approach with heterogeneous agents[J]. *Rationality and Society*, Vol. 19, No. 2, 2007.

[14] Campbell J, Huxley P. The role of peer support in facilitating psychosocial adjustment to cancer[J]. *Psycho-Oncology*, Vol. 19, No. 9, 2010.

[15] Castano E. In case of death, cling to the ingroup[J]. *European Journal of Social Psychology*, Vol. 34, No. 4, 2004.

[16] Çelebi E, Verkuyten M, Köse T, and Maliepaard M. Out-group trust and conflict understandings: The perspective of Turks and Kurds in Turkey[J]. *International Journal of Intercultural Relations*, Vol. 40, 2014.

[17] Cokley K. Critical Issues in the Measurement of Ethnic and Racial Identity: A Referendum on the State of the Field[J]. *Journal of Counseling Psychology*, Vol. 54, No. 3, 2007.

[18] Crepaz M M L, Polk J T, Bakker R S, and Singh S P. Trust matters: the impact of ingroup and outgroup trust on nativism and civicness[J]. *Social Science Quarterly*, Vol. 95, No. 4, 2015.

[19] Crisp R J, Turner R N. Cognitive adaptation to the experience of social and cultural diversity[J]. *Psychological Bulletin*, Vol. 137, No. 2, 2011.

[20] Crisp R J. Prejudice and perceiving multiple identities[M]// Dovidio J F, Hewstone M, Glick P, and Esses V M. *The SAGE Handbook of Prejudice, Stereotyping and Discrimination*. London: SAGE Publications Ltd. 2010.

[21] Dovidio J F, Gaertner S E, Kawakami K, and Hodson G. Why can't we just get along? Interpersonal biases and interracial distrust[J]. *Cultural Diversity and Ethnic Minority Psychology*, Vol. 8, No. 2, 2002.

[22] Duveen G, Lloyd B. *Social Representations and the Development of Knowledge*[M]. New York: Cambridge university press, 1990.

[23] Ferrin D L, Bligh M C, and Kohles J C. Can I trust you to trust me? A theory of trust, monitoring, and cooperation in interpersonal and intergroup relationships[J]. *Group & Organization Management*, Vol. 32, No. 4, 2007.

[24] Finkelstein L M, Ryan K M, and King E B. What do the young (old) people think of me? Content and accuracy of age-based metastereotypes[J]. *European Journal of Work and Organizational Psychology*, Vol. 22, No. 6, 2013.

[25] Fiol C M. Capitalizing on paradox: The role of language in transforming organizational identities[J]. *Organization Science*, Vol. 13, No. 6, 2002.

[26] Fischer P, Haslam S A, and Smith L. "If you wrong us, shall we not revenge?" Social identity salience moderates support for retaliation in response to collective threat[J]. *Group Dynamics: Theory, Research, and Practice*, Vol. 14, No. 2, 2010.

[27] Fisher E L. Community and prejudice: relationships among social capital,

intergroup contact, group categorization, and racial attitudes [J]. *Dissertations & Theses-Gradworks*, 2011.

[28] Fiske S T. Controlling other people: The impact of power on stereotyping [J]. *American Psychologist*, Vol. 48, No. 6, 1993.

[29] Foddy M, Platow M J, and Yamagishi T. Group-based trust in strangers: The role of stereotypes and expectations[J]. *Psychological Science*, Vol. 20, No. 4, 2009.

[30] Frings D, Hurst J, Cleveland C, Blascovich J, and Abrams D. Challenge, threat, and subjective group dynamics: reactions to normative and deviant group members[J]. *Group Dynamics Theory Research and Practice*, Vol. 16, No. 2, 2012.

[31] Gaertner J C, Chessel D, and Bertrand J. Stability of spatial structures of demersal assemblages: a multitable approach[J]. *Aquat. Living Resour*, Vol. 11, No. 2, 1998.

[32] Gaertner S L, Dovidio J F. *Reducing intergroup bias: The Common Ingroup Identity Model* (1st ed.) [M]. New York: Psychology Press, 2000.

[33] Gaertner S L, Dovidio J F, Anastasio P A, Bachman B A, and Rust M C. The Common Ingroup Identity Model: Recategorization and the reduction of intergroup Bias[J]. *European Review of Social Psychology*, No. 4, 1993.

[34] Gómez Á, Huici C. Vicarious intergroup contact and the role of authorities in prejudice reduction[J]. *The Spanish Journal of Psychology*, Vol. 11, No. 1, 2008.

[35] Gómez Á. If my group stereotypes others, others stereotype my group and we know. Concept, research lines and future perspectives of meta-stereotypes[J]. *Revista De Psicología Social*, Vol. 17, No. 3, 2002.

[36] Hunter A G, Stewart A J. Consequences of diversity for social cohesion and prejudice: the missing dimension of intergroup contact[J]. *Journal of*

Social Issues, Vol. 71, No. 2, 2015.

[37] Islam M R, Hewstone M. Dimensions of contact as predictors of intergroup anxiety, perceived out-group variability, and out-group attitude: An integrative model[J]. *Personality and Social Psychology Bulletin*, Vol. 19, No. 6, 1993.

[38] Jetten J, Spears R, and Manstead A S R. Similarity as a source of differentiation: The role of group identification[J]. *European Journal of Social Psychology*, Vol. 31, No. 6, 2001.

[39] Kang S K, Bodenhausen G V. Multiple identities in social perception and interaction: challenges and opportunities[J]. *Annual Review of Psychology*, Vol. 66, 2015.

[40] Kramer R M. Trust and distrust in organizations: Emerging perspectives, enduring questions[J]. *Annual Review of Psychology*, Vol. 7, No. 2, 1992.

[41] Lee S Y, Kim Y C. Effects of ethnic identity and network diversity on SNS use and social capital[J]. *Computers in Human Behavior*, No. 85, 2018.

[42] Liberman N, Trope Y. Traversing psychological distance[J]. *Trends in Cognitive Sciences*, Vol. 18, No. 7, 2014.

[43] Lount Jr R B. *An examination of the relationship between positive mood and trust: A comparison of two theoretical models*[D]. Northwestern University, 2007.

[44] Maoz I, Ellis D G. Intergroup communication as a predictor of Jewish-Israeli agreement with integrative solutions to the israeli palestinian conflict: The mediating effects of out-group trust and guilt[J]. *Journal of Communication*, Vol. 58, No. 3, 2008.

[45] Moody J. Race, School Integration, and Friendship Segregation in America [J]. *American Journal of Sociology*, Vol. 107, No. 3, 2001.

[46] Mynard H, Joseph S. Development of the multidimensional scale of perceived social support[J]. *Psychology and Psychotherapy: Theory*,

Research and Practice, Vol. 73, No. 2, 2000.

[47] Nadler A, Harpaz-Gorodeisky G, and Bendavid Y. Defensive helping: threat to group identity, ingroup identification, status stability, and common group identity as determinants of intergroup help-giving[J]. *Journal of Personality & Social Psychology*, Vol. 97, No. 5, 2009.

[48] Nail P R, McGregor I, Drinkwater A E, and Steele-Johnson D. Keeping it together: The role of personal and social identity in resisting group-disruptive behaviors[J]. *Group Processes & Intergroup Relations*, Vol. 12, No. 4, 2009.

[49] Oldenhuis H K E. *I know what they think about us: Meta - perceptions and intergroup relations* (*Unpublished doctoral dissertation*)(D). University of Groningen, 2007.

[50] Owuamalam C, Zagefka H. We'll never get past the glass ceiling! Meta-stereotyping, world-views and perceived relative group-worth[J]. *British Journal of Psychology*, Vol. 104, No. 4, 2013.

[51] Owuamalam C, Zagefka H. We'll never get past the glass ceiling! Meta-stereotyping, world-views and perceived relative group-worth[J]. *British Journal of Psychology*, Vol. 104, No. 4, 2013.

[52] Paolini S, Hewstone M, Rubin M, et al. Effects of Direct and Indirect Cross-Group Friendships on Judgments of Catholics and Protestants in Northern Ireland: The Mediating Role of an Anxiety-Reduction Mechanism [J]. *Personality and Social Psychology Bulletin*, Vol. 40, No. 5, 2004.

[53] Pettigrew T F, Tropp L R. A meta-analytic test of intergroup contact theory[J]. *Journal of Personality and Social Psychology*, Vol. 90, No. 5, 2006.

[54] Pettigrew T F. Intergroup Contact Theory: Annual Review of Psychology [J]. *Annual Review of Psychology*, Vol. 49, No. 1, 1998.

[55] Phinney J S, Ong A D. Conceptualization and measurement of ethnic identity: Current status and future directions[J]. *Journal of Counseling*

Psychology, Vol. 54, No. 3, 2007.

[56] Phinney J S. Ethnic identity in adolescents and adults: Review of research [J]. *Psychological Bulletin*, Vol. 108, No. 3, 1990.

[57] Phinney J S. The Multigroup Ethnic Identity Measure: A new scale for use with diverse groups[J]. *Journal of Adolescent Research*, Vol. 7, No. 2, 1992.

[58] Roccas S, Klar Y, and Liviatan I. The paradox of group-based guilt: Modes of national identification, conflict vehemence, and reactions to the in-group's moral violations[J]. *Journal of Personality and Social Psychology*, 91(4), 2006.

[59] Salzmann J, Grasha A F. Psychological size and psychological distance in manager subordinate relationships[J]. *The Journal of Social Psychology*, Vol. 131, No. 5, 1991.

[60] Seaman J, Sharp E H, and Coppens A D. A dialectical approach to theoretical integration in developmental-contextual identity research[J]. *Dev Psychol*, Vol. 53, No. 11, 2017.

[61] Selmer J, Jonasson C, and Lauring J. Group conflict and faculty engagement: is there a moderating effect of group trust?[J]. *Journal of Higher Education Policy & Management*, Vol. 35, No. 1, 2013.

[62] Shelton J N, Richeson J A, and Salvatore J. Expecting to be the target of prejudice: Implications for interethnic interactions[J]. *Personality and Social Psychology Bulletin*, Vol. 31, No. 9, 2005.

[63] Shnabel N, Ullrich J. Putting emotion regulation in context: the (missing) role of power relations, intergroup trust, and groups' need for positive identities in reconciliation processes[J]. *Psychological Inquiry*, Vol. 27, No. 2, 2016.

[64] Simantov-Nachlieli I, Shnabel N, and Nadler A. Individuals' and groups' motivation to restore their impaired identity dimensions following conflicts [J]. *Social Psychology*, Vol. 44, No. 2, 2013.

[65] Sporer S L. Recognizing faces of other ethnic groups: An integration of theories[J]. *Psychology, Public Policy, and Law*, Vol. 7, No. 1, 2001.

[66] Stephan W G. Intergroup anxiety: theory, research, and practice[J]. *Personality and Social Psychology Review*, Vol. 18, No. 3, 2014.

[67] Stephan W S, Stephan C W. An integrated theory of prejudice[M]// In Oskamp S. (Ed.), *Reducing prejudice and discrimination: The Claremont Symposium on Applied Social Psychology*. Mahwah, NJ: Lawrence Erlbaum Associates, Inc., 2000.

[68] Tajfel H, Turner J. An integrative theory of intergroup conflict[J]. *Social Psychology of Intergroup Relations*, Vol. 33, 1979.

[69] Tam T, Hewstone M, Kenworthy J, and Cairns E. Intergroup Trust in Northern Ireland[J]. *Personality and Social Psychology Bulletin*, Vol. 35, No. 1, 2009.

[70] Tanis M, Postmes T. A social identity approach to trust: Interpersonal perception, group membership and trusting behaviour[J]. *European Journal of Social Psychology*, Vol. 35, No. 3, 2005.

[71] Turner R N, Hewstone M, Voci A, et al. A Test of the Extended Intergroup Contact Hypothesi: The Mediating Role of Intergroup Anxiety, Perceived Ingroup and Outgroup Norms, and Inclusion of the Outgroup in the Self[J]. *Journal of Personality and Social Psychology*, Vol. 95, No. 4, 2008.

[72] Ufkes E G, Otten S, Van der Zee K I, and Buunk A P. Urban district identity as a common ingroup identity: The different role of ingroup prototypicality for minority and majority groups[J]. *European Journal of Social Psychology*, Vol. 42, No. 6, 2012.

[73] Umaña-Taylor A, Yazedjian A, and Bamaca-Gomez M. Developing the Ethnic Identity Scale using Eriksonian and social identity perspectives[J]. *Identity*, Vol. 4, No. 1, 2004.

[74] Vanbeselaere N. The effects of dichotomous and crossed social

categorizations upon intergroup discrimination[J]. *European Journal of Social Psychology*, Vol. 17, No. 2, 1987.

[75] Vezzali L, Capozza D, Stathi S, and Giovannini D. Increasing outgroup trust, reducing infrahumanization, and enhancing future contact intentions via imagined intergroup contact[J]. *Journal of Experimental Social Psychology*, Vol. 48, No. 1, 2011.

[76] Voci A, Hewstone M. Intergroup Contact and Prejudice Toward Immigrants in Italy: The Mediational Role of Anxiety and the Moderational Role of Group Salience[J]. *Group Processes & Intergroup Relations*, Vol. 6, No. 1, 2003.

[77] Vorauer J D, Kumhyr S. M.. Is this about you or me? Self – versus other – directed judgments and feelings in response to intergroup interaction[J]. *Personality and Social Psychology Bulletin*, Vol. 27, No. 6, 2001.

[78] Vorauer J D, Main K J, and O'connell G B. How do individuals expect to be viewed by members of lower status groups? Content and implications of meta-stereotypes[J]. *Journal of Personality and Social Psychology*, Vol. 75, No. 4, 1998.

[79] Wang X. Collective identity and academic performance: Evidence from Chinese college students[J]. *Social Behavior and Personality: an international journal*, Vol. 42, No. 1, 2014.

[80] Webster J, Wong W K P. Comparing traditional and virtual group forms: identity, communication and trust in naturally occurring project teams[J]. *International Journal of Human Resource Management*, Vol. 19, No. 11, 2008.

[81] Whitley B E, Kite M E. *The psychology of prejudice and discrimination* [M]. Wadsworth Publishing Company, 2009.

[82] Wilder D A. The role of anxiety in facilitating stereotypic judgments of outgroup behavior. In D. M. Mackie & D. L. Hamilton (Eds.), *Affect, cognition, and stereotyping: Interactive processes in group perception*

[M]. Academic Press, 2013.

[83] Wilder D A. The Role of Anxiety in Facilitating Stereotypic Judgments of Outgroup Behavior. In Mackie D. M. and Hamilton D. L. (Eds.), *Affect, cognition and stereotyping: Interactive process in group perception* [M]. Academic Press, 1993.

[84] Xin S F, Xin Z Q, and Lin C D. Effects of trustor's social identity complexity on interpersonal and intergroup trust[J]. *European Journal of Social Psychology*, Vol. 46, No. 4, 2016.

[85] Young S G, Hugenberg K, Bernstein M J, and Sacco D F. Perception and motivation in face recognition: a critical review of theories of the Cross-Race Effect[J]. *Personality and Social Psychology Review*, Vol. 16, No. 2, 2012.

[86] Ysseldyk R, Matheson K, and Anisman H. Coping with identity threat: the role of religious orientation and implications for emotions and action intentions[J]. *Psychology of Religion and Spirituality*, Vol. 3, No. 2, 2011.

[87] Ziller C. Ethnic diversity, economic and cultural contexts, and social trust: cross-sectional and longitudinal evidence from european regions, 2002-2010[J]. *Social Forces*, Vol. 93, No. 3, 2015.

(六) 学位论文

[1] 拜合提亚尔·巴拉提. 维汉民族间信任关系重构研究[D]. 华东理工大学, 2015.

[2] 毕晨帆. 趣缘群体的群体认同研究[D]. 河南大学, 2019.

[3] 曹睿男. 思想政治教育认同力研究[D]. 宁夏大学, 2021.

[4] 陈丹. 想象接触对群际信任的促进：接触意愿与社会距离的中介作用[D]. 宁夏大学, 2017.

[5] 陈晶. 11至20岁青少年的国家认同及其发展[D]. 华中师范大学, 2004.

[6] 陈思. 民汉一体化教学模式下群际接触对群际偏见的效应[D]. 喀什大

学,2013.

[7] 程婧.思想政治教育积极心理方法研究[D].中国矿业大学,2019.

[8] 丁川.群际威胁引发攻击行为：内群体认同的调节作用[D].上海师范大学,2019.

[9] 董才生.社会信任的基础：一种制度的解释[D].吉林大学,2004.

[10] 董慧.新时代大学生健康社会心态培育研究[D].吉林大学,2022.

[11] 董平.思想政治教育中的个体自我认同研究[D].东北师范大学,2018.

[12] 董韵迪.群际威胁对内隐城乡刻板印象的影响：群体认同的调节作用[D].沈阳师范大学,2015.

[13] 傅蕴男.领悟外群体态度对少数民族大学生民族认同、文化适应的影响[D].南京师范大学,2014.

[14] 富云露.群际接触影响维汉两族面孔识别的ERP研究[D].辽宁师范大学,2015.

[15] 高学德.社会流动与人际信任关系研究[D].南京大学,2014.

[16] 高燕.团体辅导在研究生思想政治教育中的应用研究[D].东北林业大学,2018.

[17] 郭欢.高校思想政治教育沟通机制的分析[D].中北大学,2018.

[18] 郝亚明.西方群际接触理论研究及启示[J].民族研究,2015(03).

[19] 侯玲.自我与群体认同[D].西北师范大学,2016.

[20] 胡俞.人际信任论[D].武汉大学,2011.

[21] 黄群英.想象接触降低群际威胁感：感知相似性的作用[D].西南大学,2014.

[22] 黄晓林.不同身份认同类型新生代农民工社会文化适应比较：群际接触和外群信任的链式中介作用[D].沈阳师范大学,2019.

[23] 贾龙.群体分类视角下新时代大学生思想政治教育针对性研究[D].山东大学,2021.

[24] 贾雯.社会身份复杂性在群际关系中的作用[D].西北师范大学,2014.

[25] 简佩玲.共同内群体认同与身份转换对群际态度的影响[D].宁夏大学,2022.

[26] 姜琳.维、汉中学生人际信任的内群体偏向的实验研究[D].新疆师范大学,2017.

[27] 解诗薇.想象性群际接触对肥胖女性内隐偏见的影响[D].陕西师范大学,2018.

[28] 解天然.网络化时代的社会认同机制研究[D].安徽大学,2016.

[29] 雷志佳.高校思想政治教育学生获得感提升路径研究[D].阜阳师范大学,2022.

[30] 李国栋.蒙汉大学生群际交往中群体身份对人际信任的影响[D].内蒙古师范大学,2020.

[31] 李倩倩.多维视角下群体认同与群际歧视的关系[D].天津师范大学,2018.

[32] 李旭鹏.基于社会认同原理下的大学生思想政治教育[D].中北大学,2010.

[33] 梁智敏.习近平总书记青年思想政治教育重要论述研究[D].广州中医药大学,2021.

[34] 林华开.思想政治教育认同研究[D].华中师范大学,2020.

[35] 刘红丽.想象积极群际接触对低群际信任维汉大学生群际信任的影响[D].新疆师范大学,2016.

[36] 刘华.社会认同和内群体偏私的关系模型的实证研究[D].陕西师范大学,2008.

[37] 刘力瑗.同群情境下责任归因与节能行为选择:双通道心理账户视角[D].中国矿业大学,2021.

[38] 刘文珍.政治认同的形成机制研究[D].山西大学,2017.

[39] 刘怡云.新时代大学生思想政治教育沟通的实践发展研究[D].江西理工大学,2022.

[40] 刘永兴.社会心理学视域中的自我认同危机问题研究[D].吉林大学,2007.

[41] 刘月月.面孔情绪和吸引力对信任的影响[D].南京师范大学,2020.

[42] 马文婷.群际接触和多元认同对歧视归因倾向的影响[D].苏州大学,2013.

[43] 彭琳.群际刻板印象与元刻板印象研究[D].浙江大学,2019.

[44] 秦鹏飞.群体效能感与群体认同对群体决策中情感预测偏差的影响[D].鲁东大学,2016.

[45] 邵帅.大学生政治信任及高校引导对策[D].大连理工大学,2017.

[46] 沈媛.思想政治教育主体间信任关系研究[D].南京理工大学,2019.

[47] 宋烨.社会认同威胁和共同点聚焦对群际信任的影响[D].苏州大学,2015.

[48] 宋友凌.大学生群体认同和自尊对炫耀性消费的影响[D].苏州大学,2018.

[49] 苏珊珊.中国文化背景下群际关系对群际共情偏差的影响:自我建构模式的调节作用[D].宁波大学,2017.

[50] 孙畅.情感思想政治教育研究[D].中国地质大学(北京),2018.

[51] 孙桂香.新疆维吾尔大学生民族认同心理研究[D].西南大学,2009.

[52] 孙凯民.中华民族共同体认同建设研究[D].内蒙古大学,2017.

[53] 谭林.新时代大学生思想政治教育方法创新研究[D].西南交通大学,2020.

[54] 妥静.民族本质论、双文化认同整合与群体认同的相关研究[D].西北师范大学,2014.

[55] 王唱.融媒体视域下大学生国家认同教育研究[D].曲阜师范大学,2022.

[56] 王君.个体思想政治教育需要研究[D].兰州大学,2021.

[57] 王蕾.自我构念类型和内外群体偏差效应对合作行为的影响研究[D].南京师范大学,2014.

[58] 王陆.虚拟学习社区的社会网络结构研究[D].甘肃:西北师范大学,2009.

[59] 王荣霞.大学生中华民族多元一体认同的现状及教育策略研究——基于四所高校大学生的数据分析[D].西北师范大学,2020.

[60] 王珊珊.想象接触与群体认同对竞争受害性的影响[D].南京师范大学,2016.

[61] 王威峰.思想政治教育质量论[D].华中师范大学,2019.

[62] 王文静."心理距离"为何能成为艺术要素和审美原理[D].上海师范大学,2010.

[63] 王子月.社会认同视角下思想政治教育的实效性研究[D].河南师范大学,2014.

[64] 魏卓然.转型期大学生群体文化认同的社会学研究[D].南京航空航天大学,2007.

[65] 谢红雨.辅导员与大学生信任关系构建研究[D].重庆工商大学,2018.

[66] 徐璐璐.贫困大学生元刻板印象威胁效应研究——来自行为及EPRs的证据[D].上海师范大学,2018.

[67] 杨雯娣.归因理论视角下大学组织信任修复策略研究[D].兰州大学,2021.

[68] 姚菁菁.思想政治教育的生成逻辑研究[D].东北师范大学,2022.

[69] 雍琳.影响藏族大学生藏、汉族文化认同因素的研究[D].西北师范大学,2001.

[70] 于磊静.群体认同和自我不确定性对内群偏爱的影响[D].苏州大学,2014.

[71] 余玲.中央民族大学大学生社会交往的民族取向研究[D].中央民族大学,2010.

[72] 俞晨晨.流动儿童的社会身份认同及对合作行为的影响研究[D].上海师范大学,2017.

[73] 张闯.大学生网络人际信任状况及教育改善策略研究[D].辽宁师范大学,2022.

[74] 张丁伟.作为社会认同建构策略的本土化[D].吉林大学,2007.

[75] 张兰兰.教化透视中的南疆某高校族群交往研究[D].西南大学,2012.

[76] 张灵.青年思想政治教育接受的心理机制研究[D].武汉理工大学,2018.

[77] 张楠.新时代铸牢中华民族共同体意识研究[D].内蒙古大学,2022.

[78] 张莹瑞.青少年的中华民族认同与国家自豪感和国民刻板印象的关系[D].华中师范大学,2007.

[79] 张永战.思想政治教育信任机制研究[D].河南大学,2010.

[80] 张咏.认同与发展——一个边疆汉人移民社区的文化研究[D].中央民族大学,2004.

[81] 赵雪峰.社会认同威胁对信任水平的影响研究[D].西南大学,2011.

[82] 赵雅琴.舞动团体心理辅导对大学生自我接纳、人际信任的干预研究[D].广西师范大学,2017.

[83] 赵一飞.台湾桂籍地缘网络"信任—认同"机制研究[D].广西师范大学,2017.

[84] 周锦红.思想政治教育与研究生健康社会心态的培育研究[D].福建农林大学,2015.

[85] 周悦.群体身份对初一年级和大学学生信任破裂和修复的影响[D].天津师范大学,2018.

[86] 左新亚.思想政治教育社会心态培育功能研究[D].兰州大学,2022.

(七)报纸文章

[1] 费孝通.多元一体,和而不同[N],中国民族报,2006-04-21.

[2] 哈正利,杨胜才.中华民族共同体意识基本内涵探析[N],中国民族报,2017-02-24.

[3] 马戎.中华民族的共同文化与黄帝崇拜[N],中国民族报,2009-04-03.

[4] 翟帆.认同 信任 信心[N].中国教育报,2004-06-04.